MANUEL DU DROIT INDOU

APPLICABLE

DANS LES ÉTABLISSEMENTS FRANÇAIS DE L'INDE.

DÉDIÉ

A M. BONTEMPS,

COMMISSAIRE GÉNÉRAL DE LA MARINE

GOUVERNEUR DES ÉTABLISSEMENTS FRANÇAIS DANS L'INDE

PAR F.-N. LAUDE,

PROCUREUR GÉNÉRAL.

DEUXIÈME ÉDITION

CORRIGÉE ET AUGMENTÉE.

PONDICHÉRY

A. SALIGNY, IMPRIMEUR DU GOUVERNEMENT.

1869

MANUEL

DU DROIT INDOU

MANUEL

DU DROIT INDOU

APPLICABLE

DANS LES ÉTABLISSEMENTS FRANÇAIS

DE L'INDE.

DÉDIÉ

À M. BONTEMPS,

COMMISSAIRE GÉNÉRAL DE LA MARINE

GOUVERNEUR DES ÉTABLISSEMENTS FRANÇAIS DANS L'INDE

PAR F.-N. LAUDE,

PROCUREUR GÉNÉRAL.

DEUXIÈME ÉDITION

CORRIGÉE ET AUGMENTÉE.

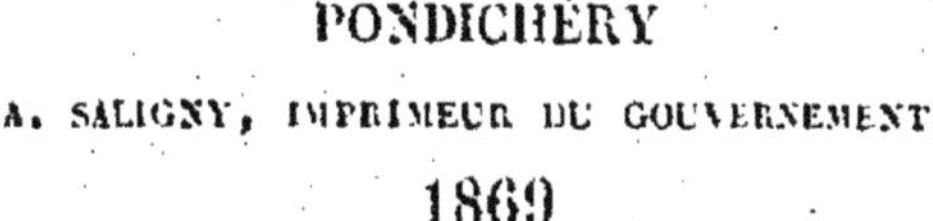

PONDICHÉRY

A. SALIGNY, IMPRIMEUR DU GOUVERNEMENT.

1869

A Monsieur Bontemps,

Commandeur de l'Ordre impérial de la Légion d'Honneur

et de l'Ordre de Saint-Grégoire-le-Grand

Commissaire général de la marine

Gouverneur des Établissements français dans l'Inde.

Hommage

de mon respect et de ma reconnaissance.

AVERTISSEMENT

DE LA DEUXIÈME ÉDITION.

Nous donnons une deuxième édition du *Manuel du droit indou.* Le motif qui nous a déterminé à entreprendre ce travail a été de compléter, à l'aide des documents puisés dans la jurisprudence et dans les ouvrages récemment publiés par les Anglais, nos précédentes études sur le droit de l'Inde. Nous avons largement mis à profit les arrêts des Hautes Cours de Calcutta et de Madras, composées de magistrats profondément versés dans la science des lois de ce pays, ainsi que les ouvrages de Macnaghten, Strange, Grady et d'autres éminents jurisconsultes.

La Cour impériale de Pondichéry et le Comité consultatif de jurisprudence indoue nous ont fourni des décisions utiles à consulter et à recueillir.

Nous espérons que ce *Manuel* pourra faciliter aux magistrats qui arrivent dans cette colonie les études indispensables qu'ils doivent faire pour remplir leurs fonctions et répondre à la confiance des justiciables.

Pondichéry, le 8 septembre 1869.

ABRÉVIATIONS.

Cal.	Calcutta.
C. Co.	Comité consultatif de jurisprudence indou.
H. C.	Haute Cour.
S. D. A.	Sudder Dewany Adaulut.
Str.	Strange.

MANUEL
DU DROIT INDOU

APPLICABLE

DANS LES ÉTABLISSEMENTS FRANÇAIS DE L'INDE.

CHAPITRE PREMIER.

Du Mariage.

Le mariage est l'acte le plus important de la vie d'un Indou. En se mariant il accomplit à la fois un devoir moral et religieux, et une obligation civile. Le mariage lui est prescrit, afin d'acquitter, par la procréation d'enfants mâles, sa dette envers ses ancêtres, et d'assurer pour lui les délices du ciel. Manou dit, au livre IX de ses Lois :

« Par un fils un homme gagne les mondes célestes; par le fils d'un fils, il obtient l'immortalité ; par le fils de ce petit-fils, il s'élève au séjour du soleil.

« Par la raison que le fils délivre son père du séjour infernal appelé *Pout,* il a été appelé sauveur de l'enfer (Pouttra) par Brahma lui-même. »

L'Indien attache donc une grande importance à la naissance d'un fils. Avant de traiter des devoirs réciproques qu'impose la paternité, il est nécessaire d'examiner les lois sur le mariage, les conditions requises pour son accomplissement, ses formalités, les devoirs qu'il fait naître entre les époux, les causes de nullité ou de dissolution de ce contrat, les obligations civiles et religieuses que le veuvage impose aux femmes, et enfin le droit qu'elles ont de posséder des biens particuliers.

§ 1er. DES QUALITÉS REQUISES POUR CONTRACTER MARIAGE.

En général les Indiens se marient fort jeunes, lorsqu'ils atteignent leur septième ou huitième année; on peut même affirmer que les filles sont données en mariage à cet âge. Le législateur indou ne s'est occupé ni du bonheur futur des époux, ni des inclinations du cœur. Il ne s'est attaché qu'au devoir religieux envers les mânes des ancêtres, dont le mariage peut amener l'accomplissement; il s'est placé au point de vue exclusif des intérêts de l'ascendant, sans s'inquiéter du consentement des époux. Aussi que de mécomptes, que de malheurs domestiques une législation aussi rigoureuse n'a-t-elle pas dû engendrer? Quelque puissant que soit le sentiment religieux chez l'Indien, il ne peut commander complètement à sa raison, ni étouffer les aspirations de son cœur. Les mœurs doivent être moins pures; et s'il était possible de pénétrer dans la vie privée des populations, on y trouverait bien des souffrances domestiques, on y relèverait bien des écarts que la faiblesse peut excuser, mais que la morale réprouve.

Une des premières conditions requises pour le mariage est l'égalité de la classe entre les époux : si un homme épouse une femme d'une classe inférieure à la sienne, les enfants qui naîtront de ce mariage sont illégitimes d'après certains jurisconsultes; d'autres, au contraire, considèrent le mariage contracté entre des personnes de classe différente, à l'exclusion toutefois de Sudras, comme valables et jouissant de certains effets civils. C'est une sorte de concubinat, comme chez les Romains : les enfants n'ont pas tous les avantages de la légitimité, mais ils sont mieux traités que des bâtards et ont sur la succession de leur père des droits comme héritiers, qui varient selon la classe à laquelle ils appartiennent. Cette distinction n'a, du reste, qu'un intérêt historique : les mariages entre personnes de classe différente sont défendus dans l'âge actuel de Cali Juga. Cette législation rigoureuse avait été imitée par la loi des XII Tables, qui interdisait le mariage entre les patriciens et les plébéiens. Les Romains avaient, sans doute, comme le fait observer Benjamin Constant, puisé cette disposition dans les lois des Etrusques, soumis à un gouvernement théocratique. Les mœurs des Romains ne s'accommodèrent pas longtemps de cette législation qui fut modifiée : les mariages entre patriciens et plébéiens furent permis. Dans l'Inde, au contraire, la prohibition s'est maintenue et est encore aussi vivace qu'aux premiers âges de la loi.

L'égalité de classe est donc une condition essentielle à la validité du mariage. Il ne faut pas perdre de vue que, par ce mot de classe, les jurisconsultes indous entendent parler des quatre grandes divisions de Brahma, Kchatrya, Vaisya et Sudra, et non de ces divisions infinies de castes, connues sous les noms de : vellajà, cavaré, chetty, pally, camala, etc., etc.

Le consentement des parties contractantes est, comme chez nous, nécessaire à la validité du mariage. Dans la plupart des mariages, ce consentement est présumé : lorsqu'ils sont célébrés en bas âge, comme cela se pratique fréquemment, les ascendants consentent pour leurs enfants, incapables de donner un consentement raisonné. Le défaut de consentement du père au mariage de son fils n'invalide par le contrat. (C. Co. 8 mai 1830). Cette décision nous paraît fort absolue et devrait être restreinte aux cas où le fils aurait pu donner un consentement valable. Les Tribunaux apprécieront les circonstances dans lesquelles le mariage est intervenu et s'il y a eu fraude, captation, mépris de l'autorité paternelle, clandestinité, ils ne devront pas hésiter à en prononcer la nullité.

Le législateur indou s'est aussi occupé des empêchements au mariage, fondés sur la parenté: il ne les a pas classés et définis d'une manière aussi précise qu'ils le sont dans nos lois. Manou indique en ces termes les empêchements naissant de la parenté:

« Celle qui ne descend pas d'un de ses aïeux maternels ou paternels, jusqu'au sixième degré, et qui n'appartient pas à la famille de son père ou de sa mère, par une origine commune prouvée par le nom de famille, convient parfaitement à un homme des trois premières classes pour le mariage et pour l'union charnelle. » (Liv. III, § 5.)

Quelque précis que soient ces textes, nous n'annulerions toutefois pas tous les mariages qui seraient contractés au mépris de ces dispositions. Nous pensons qu'il serait bon de restreindre les prohibitions, fondées sur la parenté, dans les limites des articles 161 et suivants du Code Napoléon: du reste, ces questions se présenteront rarement, car les Indous prennent les précautions les plus sévères pour exécuter ces prescriptions de leur loi.

Le père de famille est tenu de marier sa fille dans un âge qui précède la nubilité; s'il néglige de remplir ce devoir, de choisir un époux convenable pour sa fille, celle-ci peut se marier sans le consentement de son père, après l'expiration de trois années.

« 88. C'est à un jeune homme distingué, d'un extérieur agréable, et de la même classe, qu'un père doit donner sa fille en mariage, suivant la loi, quoiqu'elle n'ait pas encore atteint l'âge de huit ans, auquel on doit la marier.

« 90. Qu'une fille, quoique nubile, attende pendant trois ans; mais, après ce terme, qu'elle se choisisse un mari du même rang qu'elle-même.

« 91. Si une jeune fille, n'étant pas donnée en mariage, prend de son propre mouvement un époux, elle ne commet aucune faute, non plus que celui qu'elle va trouver. »

La loi indoue n'ayant pas indiqué d'une manière précise l'époque de la nubilité, nous pensons que la fille ne pourrait contracter mariage de son plein gré, avant d'avoir atteint l'âge de quinze ans révolus. En cas de difficulté, et si le père formait opposition au mariage de sa fille, nous croyons que l'opposition devrait être levée ou maintenue par le juge de paix, jugeant en matière de caste. C'est un des points de la législation indoue les plus délicats; il nous semble que l'intervention des tribunaux ordinaires pourrait froisser les usages de la caste: le juge de paix se trouve plus rapproché des familles indoues; il a des moyens de conciliation que n'ont pas les tribunaux ordinaires. L'appel de ses sentences, en matière de caste, est porté au Conseil du Gouverneur; cette juridiction administrative est préférable, dans l'intérêt de la tranquillité publique, de la paix des familles, à la juridiction ordinaire. Le pouvoir exécutif, surveillant naturel de tout ce qui touche à l'ordre public et à la tranquillité générale, a pu se réserver la connaissance de toutes les questions relatives aux usages et coutumes des castes différentes.

La fille, jusqu'à l'époque de la consommation de son mariage, demeure dans la maison de son père. Le mariage dissout la puissance paternelle et fait passer la femme sous la puissance de son mari.

Il peut arriver qu'un mariage convenu soit rompu par un motif quelconque. Quelle responsabilité encourt la partie qui, sans motifs valables, a rompu un mariage projeté ? Le Comité de jurisprudence, a dans le passage suivant, posé une règle qui est généralement suivie et que les tribunaux, en cas de procès, devraient adopter.

« Dans le cas où une fille, dans quelque caste que ce soit, est demandée et promise en mariage avec le consentement respectif des pères et mères, sous l'assurance dite Nisatamboulam faite devant les chefs et parents et qu'elle est ornée du bijou dit Siroutaly, ce serait une action coupable tant de la part du futur que de la part de la fiancée de rompre le mariage sans motifs. Si l'une des parties rompt le mariage sans raison valable, elle est passible d'une amende envers le Roi et de restitution à l'autre partie des présents faits et des sommes dépensées en vue du mariage.» (C. Co. 23 juin 1832).

Nous ajouterions et de dommages-intérêts selon les circonstances.

§ 2. DES DIVERSES ESPÈCES DE MARIAGE ET DES FORMALITÉS REQUISES POUR SON ACCOMPLISSEMENT.

Manou énumère huit espèces de modes de contracter mariage : 1° Brahma, 2° Daiva, 3° Arsha, 4° Pradjapati, 5° Asoura, 6° Gandarba, 7° Rachsasa, 8° Paisacha. Les quatre premiers sont particuliers aux Brahmes; les modes de Gandarba et de Rachsasa sont permis aux Kchatryas, et le mode Asoura aux classes mercantile et servile. Les modes de Gandarba et de Rachsasa ne sont autre chose qu'un concubinage légal ou l'autorisation de commettre un viol. Le premier consiste dans des relations charnelles libres; le second, dans la jouissance d'une femme prise à la guerre ou enlevée par violence de la maison paternelle. Le mode Asoura, qui est le plus généralement suivi, consiste dans le payement purement symbolique d'une somme de monnaie, par le futur, aux parents de la fille ; c'est, en définitive, le mariage des Romains *per æs et libram*.

Parmi ces formes de mariage, celles de Brahma et d'Asoura sont généralement suivies dans cette partie de l'Inde. (Arrêt. Pondichéry 5 novembre 1864).

Les diverses cérémonies qui accompagnent le mariage sont des offrandes au feu, des oblations de riz aux dieux, des dons d'habillements faits par l'époux, etc., etc.; l'essence du contrat est dans le consentement donné au mariage, comme nous l'avons déjà dit :

« 227. Les prières nuptiales sont la sanction nécessaire du mariage, et les hommes instruits doivent savoir que le pacte consacré par ces prières est complet et irrévocable au septième pas fait par la mariée, lorsqu'elle marche donnant la main à son mari. » (Manou, livre VIII).

Les cérémonies du mariage sont nombreuses et varient selon les castes. La partie essentielle, celle qui complète le mariage, qui le rend irrévocable, est la promenade des sept pas (Saptapadhi), autour du feu sacré, les époux se tenant par la main.

A ces formalités générales tirées du droit indou, il faut ajouter celles qui sont prescrites par la législation locale. Les dispositions que nous allons indiquer ne forment pas des conditions essentielles à la validité du mariage ; elles complètent la législation indoue, la consacrent en assurant son exécution.

Le législateur s'était souvent préoccupé de l'incertitude qui règne sur l'état-civil des Indiens, et des moyens d'établir des registres publics comme dans les municipalités en France. On avait craint, en obligeant les Indiens à se présenter devant un officier de l'état-civil, pour y déclarer les naissances, mariages et décès, de blesser leurs préjugés, de porter une atteinte à leurs usages. C'est sous l'empire de ces préoccupations que fut rédigé l'arrêté du 23 juin 1842, qui laissait aux Indiens la faculté de faire à l'officier de l'état-civil, les déclarations de naissances, mariages et décès. Cet arrêté, qui n'avait pas de sanction, resta sans exécution ; les incertitudes qui existent sur l'état-civil des Indiens ne furent pas levées. Enfin le Gouvernement entra dans une voie plus large : les arrêtés des 10 juin et 18 novembre 1854, rendirent obligatoires pour les Indiens, les déclarations de naissances, mariages et décès. Ces divers arrêtés n'ont rencontré aucune résistance de la part de la population, qui paraît en avoir reconnu toute l'importance et l'utilité.

L'arrêté du 10 juin dispose ce qui suit à l'égard des mariages :

« Art. 8. La déclaration du mariage sera faite dans le mois par les chefs des deux familles, assistés de deux témoins, parents ou non parents. »

Comme on le voit, l'officier de l'état-civil ne célèbre pas le mariage : il reçoit la déclaration qu'un mariage a été célébré entre un tel et une telle. C'est là une conciliation heureuse entre les exigences du droit indou, et la nécessité de donner une date certaine et authentique aux mariages. Nous pensons que l'arrêté aurait pu aller beaucoup plus loin, sans blesser les préjugés des Indiens; qu'il aurait pu exiger la déclaration du contractant, s'il n'est pas déjà marié, permettre à la première femme de former opposition au mariage de son mari, afin qu'elle n'eût pas à l'attaquer plus tard de nullité ; réglementer une publicité compatible avec les usages locaux, etc., etc. Il faut laisser à l'expérience et aux lumières de l'autorité supérieure, le soin de modifier cet arrêté, dont le principe est bon, et attendre que la pratique en signale les lacunes.

Cet arrêté contient, en outre, quelques dispositions pénales, et attribue au juge de paix la connaissance des demandes en rectification des actes de l'état-civil. Cette dernière innovation est dangereuse, si l'on a entendu lui conférer le pouvoir de juger des demandes en rectification pouvant modifier l'état des personnes. Nous pensons que telle n'a pas été l'intention du législateur et qu'il n'a voulu parler que des rectifications d'erreurs matérielles, ou des autorisations d'inscrire sur les registres des déclarations faites en dehors des délais légaux.

§ 3. DU MARIAGE DES CHRÉTIENS.

Les Indiens catholiques sont soumis pour leurs mariages aux lois canoniques. Le curé de la paroisse est à la fois le ministre du sacrement et l'officier de l'état-civil. L'âge fixé pour contracter mariage est douze ans révolus pour les femmes et quatorze ans pour les hommes. Tout ce qui concerne les oppositions, les empêchements dirimants ou prohibitifs, est réglé par les décrets des Conciles, sous la réserve, cependant, que ces empêchements ne peuvent être étendus au delà de ceux qui sont prévus par nos Codes. Le divorce est interdit.

Un Indou chrétien marié peut-il, en retournant au paganisme, contracter mariage avec une autre femme, sans encourir les peines portées contre la bigamie? La Cour de Sessions de Guntour avait condamné un Indien chrétien, qui avait contracté un second mariage dans ces circonstances, à la peine de trois ans d'emprisonnement. Sur appel, la Haute Cour de Madras, par arrêt du 8 novembre 1866, a acquitté l'accusé par ce motif qu'un Indien pouvant retourner du christianisme au paganisme, ne perd pas les droits que lui donne la législation indoue qui permet la polygamie. La question n'est pas résolue, car il ne s'agit pas de savoir si un Indou païen peut épouser plusieurs femmes, mais si un Indou chrétien peut impunément rompre un mariage contracté sous l'empire d'une législation qui rend ce contrat indissoluble. Le caractère de chrétien est indélébile. Celui qui a embrassé le christianisme est tenu d'en observer les lois, parmi lesquelles sont celles qui régissent le mariage. Or, le mariage est indissoluble et il n'est pas plus permis à un Indou chrétien de violer cette indissolubilité qu'il ne serait permis à un Anglais d'épouser plusieurs femmes, en embrassant le mahométisme. Que devient dans cette doctrine la liberté de conscience outragée dans la personne de la femme? Cette doctrine encourage le relâchement des mœurs, et l'apostasie.

La Chambre des mises en accusation de Pondichéry, par arrêt du 17 août 1860, est allée plus loin encore, en reconnaissant à un Indou chrétien le droit de se remarier du vivant de sa première femme. Cet arrêt contient une violation manifeste de l'arrêté du 6 février 1819. Nous pensons qu'il ne fera jamais jurisprudence.

Il arrive quelquefois que des gentils mariés se convertissent à la religion catholique, leurs femmes continuant à suivre les rites païens. Le mariage qu'ils ont contracté avant leur conversion peut-il être résolu et ont-ils la faculté de se marier de nouveau? La négative n'est pas douteuse dans les principes de la loi civile, et nous n'examinons la question qu'au point de vue du droit canonique : elle n'est pas dénuée de tout intérêt, car les tribunaux peuvent être appelés à la juger.

Voici sur ce sujet la décision donnée par Durand de Maillane, dans son *Dictionnaire de droit canonique* (v° Empêchement, t. II, p. 497) :

« Il est certain, comme le prouve l'auteur que nous avons cité, que les anciens canons du concile d'Elvire, du concile de Rome sous Zacharie, du second Concile d'Orléans, et du premier Concile d'Arles, de Chalcédoine, même des canons du décret (*Cons.* 28 § 9) tirés de Saint-Ambroise, en défendant expressément les mariages des chrétiens avec les infidèles, ne les déclaraient cependant pas nuls et non valables, puisqu'ils n'ordonnent pas même la séparation des mariés. Il n'y avait anciennement que les lois civiles des empereurs Valentinien et Valens, rapportées dans le Code Théodosien (lib. III, tit. 14, *nuptiis gentilium*), qui déclarassent ces mariages non valablement contractés. Saint-Augustin, même (dans le livre *de fide et operibus*, c. 19), dit que, de son temps, ces mariages étaient permis, ou que du moins il y avait lieu de douter s'ils étaient défendus. L'histoire nous en fournit plusieurs exemples, ne fût-ce que ceux de Clovis, et du père de Saint-Augustin. L'auteur des *Conférences d'Angers* fixe l'époque de la nullité de ces mariages au XIIe siècle, sur l'autorité de la lettre 112 d'Yves de Chartres à Vulgrain, archidiacre de Paris, et de ces paroles du Maître des sentences, qui supposent l'empêchement de la diversité de religion déjà établi : *De dispari cultu, videndum est, hæc est enim una de causis quibus personæ illegitimæ fiunt ad contrahendum matrimonium*; ce qui a été suivi par tous les théologiens. Mais, quoique l'Église ne veuille pas permettre aujourd'hui que les chrétiens contractent mariage avec les infidèles déjà mariés, si l'un se convertit à la foi, leur mariage n'est pas, pour cela, dissous; non plus lorsque, de deux chrétiens mariés, l'un vient à apostasier. Le Concile de Trente a fait ce canon sur cette matière : *Si quis dixerit propter hæresim... dissolvi posse matrimonii vinculum, anathema sit.* » (Sen. 24 c. 5).

Les tribunaux sont tenus d'appliquer sur ce point les lois canoniques.

Les missionnaires tiennent, pour les chrétiens, des registres de l'état-civil, auxquels les tribunaux peuvent recourir en cas de besoin.

§ 4. DES NULLITÉS, DES CAUSES DE DISSOLUTION DU MARIAGE, ET DES SECONDS MARIAGES.

Le mariage légalement contracté est indissoluble, en ce sens que le second mariage contracté par l'Indien, dans les cas prévus, n'a pas pour effet de dissoudre le premier, qui continue à produire certains effets. Il suffira pour apprécier l'incertitude qui règne dans la législation indoue sur les causes de nullité de mariage, de reproduire le texte suivant de Manou, livre IX :

« 73. Si un homme donne en mariage une fille ayant quelque défaut, sans en prévenir, l'époux peut annuler l'acte du méchant qui lui a donné cette jeune fille. »

Il est évident que si ce texte était suivi à la lettre, la validité ou la nullité du mariage seraient entièrement livrées au caprice de l'époux : il est impossible que quelque défaut caché n'apparaisse après la célébration du mariage, dans la femme. Le droit indou ne peut donc nous servir de règle dans une matière aussi grave; il faut une législation moins vague pour assurer le repos des familles. Le mariage ne doit pas être livré au caprice de l'un des époux : nous n'admettrions de demandes en nullité de mariage qu'autant qu'elles seraient fondées sur l'erreur, sur la personne ou sur la violence. D'ailleurs ces questions se présenteront rarement, et sont pour ainsi dire oiseuses, car l'Indien ayant le droit de contracter un second mariage avec le consentement de sa première femme, il sera rare qu'il n'emploie pas ce moyen pour se soustraire à un joug qui lui pèse.

Les seconds mariages ne sont autorisés que dans certains cas exceptionnels, fondés pour la plupart sur l'impossibilité d'avoir des enfants mâles de la première femme. Il ne faut, dans toute cette matière, jamais perdre de vue le degré d'importance qu'attachent les Indiens à la naissance d'un fils.

Les divers cas dans lesquels un second mariage est permis, sont : 1° la stérilité de la première femme pendant dix ans ; 2° lorsqu'elle est atteinte de la lèpre; 3° que le *fluxus menstrualis* est arrêté; 4° que, pendant douze ans, elle n'a donné naissance qu'à des filles; 5° qu'après quinze ans de mariage, tous les enfants qu'elle a mis au jour sont morts; 6° si elle s'adonne à des boissons enivrantes, ou dilapide sa fortune (Manou, d. II, p. 62; Devala, d. II, p. 414; Baudhayana, d. II, p. 66, et Yajnavalcya, d. II, p. 68). Ces jurisconsultes indiquent encore d'autres cas tirés, soit de la mauvaise santé de la femme, des imperfections de son caractère, etc., etc.: ces cas sont nombreux et variés. Tous, à l'exception de la stérilité, se rapprochent des cas qui donnent, dans notre droit, ouverture à la séparation de corps, et peuvent être rangés sous la qualification plus générale d'injures. Dans tous les cas que nous venons d'indiquer, le mari peut épouser une autre femme, sans qu'il ait besoin d'obtenir le consentement de sa première femme. Ce consentement ne lui est nécessaire qu'autant qu'il n'a à invoquer aucune de ces circonstances précisées par la loi. Les tribunaux devront-ils reconnaître toutes les causes indiquées par la loi indoue, qui permettent à l'homme déjà marié de contracter un second ou même un troisième mariage ? Nous ne le pensons pas. Quelques-unes de ces causes impliquent la violation des devoirs que le mariage, tel que nous le comprenons, impose aux époux, et détruisent la protection que le mari doit à sa femme. Il nous paraît douteux que le mariage puisse être contracté au mépris d'un premier lien, parce que la femme est lépreuse, atteinte de phtisie ou de toute autre maladie incurable, ou adonnée à l'ivrognerie, ou même lorsqu'elle tient des propos peu convenables. Les tribunaux ne devront s'immiscer dans ces questions qui ont trait au mariage, qu'avec la plus grande circonspection, parce qu'elles touchent aux usages les plus sacrés des Indiens; ils doivent abandonner au tribunal de paix, jugeant en matière de caste, l'examen de ces questions, et ne réserver pour eux que la connaissance des droits pécuniaires qui en naissent. Un second mariage contracté hors des cas prévus doit être annulé (C. Co. 1er mars 1847). Cette opinion du Comité est contraire à l'enseignement de tous les jurisconsultes.

Nous avons dit que le mari, en dehors de ces cas légaux, pouvait prendre une seconde femme, avec le consentement de la première. Le mariage qu'il contracterait sans avoir obtenu ce consentement ne nous semble pas nul, et la première femme ne pourrait en demander l'invalidité. Son droit se bornerait à obtenir, à titre de dommages-intérêts, un tiers des biens de son mari, qui lui restent propres, et font, par conséquent, partie de son Stridhana; le mari peut même être condamné à reprendre sa femme et à la garder chez lui, s'il l'a abandonnée : telle est du moins notre opinion. Si le mari est pauvre et que l'action en dommages-intérêts soit inefficace, il doit être condamné à fournir des aliments à sa première femme (Yajnavalcya, d. t. II, p. 420). Le mari ne peut donc, sans s'exposer à une condamnation pécuniaire, abandonner une femme dont la conduite est irréprochable. La question de validité de son second mariage peut être douteuse, et nous n'avons émis notre opinion qu'avec réserve, et en indiquant tous les textes. Nous inclinons pour la validité du second mariage, parce qu'il nous semble que la première femme ne peut cumuler et une action en dommages-intérêts et une action en nullité du mariage, qui prendraient toutes deux leur origine dans la même cause.

Soit que le mari ait eu ou non un motif légitime d'abandonner sa femme, il doit lui fournir des aliments (Vrihaspati d. II, p. 421, et Yajnavalcya, p. 425). Il y a toutefois une différence dans l'étendue du droit: la femme vertueuse, qui a toujours gardé la foi conjugale, doit être traitée avec égard et respect, tandis que la femme vicieuse n'est traitée qu'avec mépris. Vrihaspati dit:

« Qu'un homme garde dans sa maison une femme déloyale; qu'elle ait des habits malpropres, qu'elle repose sur le plus mauvais lit, et n'ait pour toute nourriture que du grain.»

Les femmes peuvent, en cas d'absence prolongée de leur mari, contracter un autre mariage (C. Co. 4 septembre 1840). Elles ont même le droit de se séparer de leurs maris dans les cas suivants :

1° S'il est atteint d'aliénation mentale,

2° S'il est devenu criminel,

3° S'il est eunuque,

4° S'il est impuissant,

5° S'il est atteint d'une maladie incurable et contagieuse. (C. Co. 31 octobre 1840).

Dans ces cas, la femme conserverait ses droits à la succession de son mari.

L'incontinence est une cause d'indignité, pour les femmes, de succéder à leur mari, comme nous le verrons au chapitre des successions. La femme peut être renvoyée par son mari pour cause d'adultère. Elle perd, dans ce cas, tous ses droits à sa succession. (S. D. A. Cal. 30 décembre 1868).

La loi indoue refuse toute action en dommages-intérêts au mari contre le complice de sa femme adulrère, (Str. t. II, pp. 33 et suivants, Arrêt de Pondichéry du 1er avril 1865). Nous ne connaissons pas de texte qui justifie cette décision. Ce principe serait, en tout cas, contraire à la raison et à la justice et il ne devrait être admis qu'autant qu'il serait formellement édicté par la loi positive.

Lorsqu'un individu a épousé plusieurs femmes, c'est la première qu'il a épousée, qui a la prééminence sur toutes les autres. Le législateur considère le premier mariage comme étant contracté pour accomplir un devoir, et les autres pour satisfaire une passion et des désirs charnels (Dachsa, d. II, p. 409; Yajnavalcya, d. II, p. 405, et Vishnou, d. II, p. 406). Ainsi, c'est la première femme qui héritera des biens de son mari si la succession s'ouvre au profit de la veuve, à charge d'entretenir convenablement les autres femmes.

Cette question est fort importante et a été diversement résolue. M. Th. Strange soutient (*Eléments, etc.* pp. 56, 137) que la femme première mariée est préférée aux autres dans la succession de son mari; que celles qui ont été mariées après elle ne viennent à la succession qu'à son défaut et par droit de survivance. Cette opinion a été consacrée par la Cour de Madras par deux arrêts de 1824 et 1835.

La question s'est présentée de nouveau devant la Haute Cour de Madras, en 1867, à l'occasion de la succession du Rajah de Tanjore, décédé, laissant quinze veuves. La Cour l'a décidée en faveur de toutes les veuves: elle leur a reconnu un droit égal et concomitant dans la succession de leur mari, avec accroissement en faveur des survivantes. Cette décision nouvelle s'appuie: 1° sur un texte du *Mitachsara*, omis dans la traduction de Colebrooke; 2° sur un texte précis du *Smriti Chandrika*, ainsi conçu:

« S'il y a plusieurs femmes légitimes, qu'elles se

partagent en portions égales les biens de leur époux.» (p. 202).»

Mais ce passage rapporté par la Cour de Madras n'est pas cité en entier; il est précédé d'un autre paragraphe fort important:

«La succession d'un homme séparé de biens et mort sans enfant mâle, doit passer d'abord à sa femme légitime, distinguée comme il a été dit ci-dessus par sa naissance, par son caractère et par sa chasteté.»

Or, d'après les textes auxquels se réfère ce paragraphe, on voit que la femme première mariée a toujours une prééminence sur les autres parce qu'elle a été épousée par devoir.

Quelle que soit l'autorité attachée aux décisions de la Haute Cour, nous persistons à croire que la doctrine enseignée par Strange, consacrée par des décisions judiciaires est plus conforme à la morale et aux principes du droit.

Macnaghten dit qu'au Bengale, les veuves ont des droits égaux; que la propriété est investie dans une seule personne juridique et qu'à la mort d'une veuve, les survivantes prennent les biens. (*Principles*, pp. 19, 21, Madras Jurist. 1868, p. 140).

La Cour de Pondichéry a été appelée à se prononcer sur cette question; elle l'a résolue dans le sens de la doctrine de Strange. (Arrêt, 3 novembre 1864).

L'intervention de la justice ordinaire est dangereuse dans la plupart des questions que nous venons de traiter: tout ce qui a trait aux seconds mariages, aux nullités, aux devoirs respectifs des époux, des femmes entre elles, tient intimement aux usages civils et religieux de la population; l'action administrative est plus efficace pour maintenir la paix dans les familles et apaiser des contestations naissantes. Lorsque des intérêts pécuniaires ne seront pas en jeu, qu'il s'agira de statuer sur une demande directe en nullité de premier mariage, ou en validité d'un second mariage ou sur une opposition, les tribunaux civils devront s'abstenir de statuer, et renvoyer la question devant le juge de paix, aux termes de l'arrêté du 26 mai 1827. Cet arrêté dispose ce qui suit :

« Art. 6. Les discussions particulières, autres que celles d'intérêts et contentieuses, qui surviennent dans les familles des Indiens ou dans une même caste au sujet des cérémonies, mariages, enterrements et autres affaires dites de caste, sont portées par devant le juge de police et renvoyées soit à la chambre de consultation, soit à l'assemblée de la caste ou de la parenté, pour y être examinées et décidées conformément à l'usage, et pour la décision à intervenir, être ensuite homologuée par le juge, s'il y a lieu, en tout ou en partie.

« A l'égard des contestations majeures qui peuvent s'élever entre une ou plusieurs castes au sujet de leurs cultes, coutumes ou priviléges, le juge de police ne peut en connaître que sur l'autorisation spéciale de l'Administrateur général, auquel seul il appartient de prononcer.»

Cette disposition est renouvelée de l'article 7 de l'arrêté du Conseil souverain du 30 décembre 1769, ainsi conçu :

«Toutes disputes entre les castes malabars, maures, choulias, persans, et autres naturels du pays, soit pour ce qui a rapport aux coutumes, usages, mœurs, soit pour mariages, enterrements, préséances, priviléges des pagodes, droits des castes de la main droite et de la main gauche, qui naissent ou auront lieu, seront portées par devant le lieutenant-général de police, pour être décidées ou rapportées à notre dite Cour, s'il y a lieu. »

Quoique ces expressions soient fort laconiques, nous croyons qu'elles attribuent en principe général, compétence pour toutes les questions naissant à l'occasion des mariages, qu'elles aient trait aux cérémonies, aux priviléges des castes, ou aux conditions essentielles à la validité du contrat. Le législateur a pensé qu'il serait peut-être dangereux de laisser aux tribunaux ordinaires, qui n'ont aucun pouvoir de conciliation, le soin de décider des questions qui tiennent aux mœurs et aux coutumes du pays. Ils n'auraient le droit d'en connaître qu' autant qu'elles seraient incidentes à une demande principale, par exemple, une revendication, un partage, etc., etc. Ainsi : deux veuves se prétendent héritières de leur mari, et sont en désaccord sur la priorité du mariage; les tribunaux civils, seuls compétents pour statuer sur une demande en pétition d'hérédité, connaîtront également de la question incidente sur le mariage. Nous pourrions donner d'autres exemples de la distinction que nous établissons; mais il suffit d'avoir posé le principe général.

Cette opinion n'a pas été consacrée par la pratique des tribunaux de caste, qui ont suivi l'interprétation donnée par le comité de jurisprudence dans sa délibération du 16 octobre 1841 que nous reproduisons :

« L'an mil huit cent quarante-et-un, le 16 octobre

. . . .

« Que doit-on entendre par ces expressions *autres « affaires dites de caste*? Sont-ce toutes les contes- « tations dans lesquelles, comme le dit le commen- « cement de l'article précité, le demandeur et le « défendeur n'agitent point entre eux, une question « d'intérêt d'argent ? ainsi une question d'état de « personne, une demande en nullité ou validité de « mariage, une demande en nullité ou validité d'op-

« position, une question de légitimité, une question « de paternité et de filiation, dans lesquelles il ne « s'agirait point d'apprécier un résultat d'argent, « seraient-elles rangées dans les affaires dites de caste « dont la connaissance est d'abord déférée au juge de « police et ensuite par voie d'appel au Gouverneur ? »

« Doit-on ranger dans la même catégorie l'exercice « de la puissance du mari sur la femme, le droit de « la faire réintégrer dans le domicile conjugal, le refus « de l'autorité d'ester en justice, la demande en sé« paration de corps, fondée sur l'adultère ou les sé« vices ou les causes déterminées par les usages des « Indous? Sont-ce des cas qui doivent être déférés à « la justice ordinaire ou au juge de police, jugeant « en premier ressort, les affaires de caste ? »

« L'exercice de la puissance paternelle doit-il être « aussi mis au nombre des affaires dites de caste ?

« Ou bien ne doit-on entendre par affaires dites de « caste, que celles qui se manifestent au dehors du « domicile des Indous et qui peuvent apporter une « perturbation à l'ordre public ? »

« Vu les slocas 4, 5, 6 et 7, livre 8 de Manou ;

« Vu également le sloca 3, livre 9 et le sloca 28 du livre 8 du même ouvrage;

« Vu aussi les textes ci après :

« Texte de Manou, titre des devoirs des époux, dans l'ouvrage intitulé *Seganadatarka Panjansaniom*,

« On peut punir sa femme, son fils, son esclave « et son disciple, s'ils sont fautifs. »

« Texte de Sangaliguida, dans le livre de Smritichandrigua, chapitre de la résiliation :

« Du vivant du père, les fils ne sont pas libres. »

« Considérant que les lois indoues se trouvent divisées en trois branches : Code des lois judiciaires, Code des lois religieuses et Codes des lois d'expiations ;

« Considérant que les titres du mariage et de l'adoption, de l'enterrement et du brûlement, ne sont pas au nombre des dix-huit titres dont se trouve composé le Code des lois judiciaires;

«Considérant qu'en l'absence d'un bureau d'état-civil pour les Indiens, la naissance, la mort, l'enterrement, la paternité, la filiation, le mariage, l'adoption et la légitimité, sont soumis à une infinité de cérémonies religieuses et publiques, dont l'omission emporterait la nullité du mariage, etc., etc., et que toutes ces cérémonies toutes substantielles ne sont prescrites que par le Code des lois religieuses;

«Considérant qu'indépendamment de toutes ces cérémonies, il y en a d'autres qui ont été instituées, soit par une caste, soit par une division d'une caste, soit par quelques familles d'une division pour compléter les cérémonies (prescrites par la loi) ou pour faciliter leur exécution, pour lever l'incompatibilité qui se rencontre dans leurs exécutions, ou enfin pour constater que telles cérémonies ont été faites publiquement et aux vœux de la loi;

«Considérant que les contestations touchant les actes des mariages et autres, et les cérémonies et les usages ci-dessus, ne pouvant être mieux éclaircies que par la caste, elles ont reçu cette dénomination : « affaires dites de caste; »

« Mais considérant que les contestations qui, sans se rattacher à l'existence des actes énoncés, n'auraient rapport qu'à leur effet, appartiennent à la justice ordinaire et que cela est si évident qu'on voit :

« 1° Dans le Code judiciaire, titre du devoir des époux, où il est traité de l'exercice de la puissance maritale et de l'obéissance que doit montrer la femme à son mari;

«Et 2° dans le même Code, titre Dayabaga, où il est traité du droit qu'a le fils envers son père et de la puissance paternelle.

«Considérant qu'ainsi les contraventions aux prescriptions du Code judiciaire, ne présentant pas la nécessité de s'adresser à la caste, n'appartiennent qu'aux tribunaux ordinaires.

« Considérant que l'autorisation que la femme doit obtenir de son mari pour ester en justice, l'exercice de l'autorité maritale sur sa femme, la réintégration dans le domicile conjugal et la séparation de corps entre les époux, étant le résultat de l'exercice des droits et des devoirs des époux, c'est-à-dire, protection dûe à la femme par son mari, et l'obéissance par elle dûe à celui-ci, sont de la compétence des tribunaux ordinaires.

« Considérant que, quoique les contestations concernant la paternité et la filiation, soient affaires dites de caste, l'exercice des droits qui en sont les conséquences, ne peuvent être rangés au nombre des affaires dites de caste; mais au nombre des affaires de la compétence des tribunaux ordinaires;

« Considérant que les contestations qui surviennent hors d'une famille, mais qui causeraient la perturbation dans une caste, doivent être considérées comme affaires dites de caste.

LE COMITÉ EST D'AVIS :

« Que les contestations autres que celles d'intérêts et contentieuses, qui auraient rapport au Code des lois religieuses ou aux usages, mœurs et cérémonies de la caste, sont daffaires dites de caste.

Et que les contestations qui auraient rapport au Code des lois judiciaires sont de la compétence des tribunaux ordinaires. »

Cette interprétation a été consacrée par plusieurs arrêtés du Gouverneur, jugeant en matière de caste. Il suffira de reproduire, pour établir la règle, le passage suivant de l'arrêté du 25 mars 1845.

« Considérant que les contestations sur l'état de

fils naturel ou légitime et toutes autres questions concernant l'état des personnes, sont de la compétence exclusive des tribunaux civils; que les difficultés relatives à l'exécution des cérémonies publiques de mariages ou enterrements, bien que considérées comme appartenant aux affaires de caste et de juridiction administrative sous ce rapport, ne peuvent être résolues que lorsque l'état des personnes et de leur famille est reconnu, ou définitivement fixé par l'autorité judiciaire en cas de contestation.»

Ce principe a été reproduit dans plusieurs arrêtés subséquents.

§ 5. DES DEVOIRS RESPECTIFS DES ÉPOUX.

Les législateurs indous ont longuement expliqué les devoirs réciproques du mari et de la femme; ils sont même entrés dans des détails que la pudeur ne permet pas de reproduire. En définitive, les droits et les devoirs des époux sont, dans le droit indou, les mêmes que dans toutes les législations: protection et assistance de la part du mari, chasteté et fidélité conjugale de la part de la femme. L'infraction à la foi conjugale entraîne, pour la femme, l'expulsion de la caste et la perte de la qualité d'héritière de son mari.

Il arrivera rarement que les tribunaux auront à contraindre l'un des époux à l'accomplissement de ses devoirs : les divisions qui surviennent entre mari et femme se règlent dans des assemblées de famille. Si des questions de cette nature se présentaient devant les tribunaux civils, nous croyons qu'ils devraient les renvoyer au juge de paix, par application de l'arrêté de 1827.

Le mari peut-il poursuivre sa femme qui a quitté le domicile conjugal, en payement des frais occasionnés pour son mariage ? Non. (S. D. A, Cal. 8 mars

1858). Dans l'espèce, la femme avait quitté le domicile conjugal deux ans après le mariage. Le motif qui a déterminé la Cour est qu'il n'y avait pas eu refus de mariage. Il nous semble que cette décision est trop absolue et que le mari aurait une action en dommages-intérêts contre sa femme et en restitution des objets qu'il lui aurait donnés comme Stridhana.

Toutes les dispositions du Code qui traitent de l'autorisation maritale, sont applicables aux Indiens; elles forment le complément de la législation indoue sur les droits et les devoirs des époux.

§ 6. DU DROIT QU'ONT LES FEMMES DE POSSÉDER DES BIENS PARTICULIERS OU DU STRIDHANA.

En règle générale les femmes, de même que les fils de famille, ne peuvent rien posséder en propre; néanmoins, la loi indoue, comme la loi romaine, a admis, à cette disposition rigoureuse, des exceptions nombreuses que nous aurons à étudier successivement en ce chapitre, et lorsque nous traiterons de la minorité.

Il est constant que les femmes ont le droit de posséder des biens particuliers ou Stridhana, dont elles jouissent avec tous les droits attachés à la pleine propriété. Les auteurs indous reconnaissent environ treize causes d'acquisition, donnant naissance au Stridhana.

Sont biens particuliers: 1° *Adhyagni*, ce qui est donné en présence du feu nuptial par les parents de la famille de l'époux ou de l'épouse;

2° *Adhyavahanika*, ce qui est donné à la femme lorsqu'elle est conduite chez son mari;

3° *Pritidatta*, ce qui est donné par le mari ou par ses parents en témoignage d'affection;

4° *Bhratri, Matri, Pitridatta*, ce qui est donné à la femme par son frère, sa mère ou son père;

5° *Yautaka*, tout ce qui est donné à une femme à l'occasion de son mariage;

6° *Ayautaka* ce qu'une femme acquiert dans une occasion autre que celle de son mariage;

7° *Anvadheya*, ce qui est donné à la femme après le mariage par les parents de son mari;

8° *Saudayika* , le don d'un parent affectionné;

9° *Adhivedanéka*, le don qu'un mari fait à sa première femme quand il contracte un second mariage;

10° *Parinaya*, les bijoux et meubles paraphernaux;

11° *Sulka*, ce qui est donné à la femme en récompense d'un travail, ou pour l'engager à faire quelque chose ou pour obtenir quelque chose par son entremise;

12° *Padvandanika*, don fait à la femme en retour de son humble salutation;

13° *Lavanyarjita*, don fait par un mari à sa femme en témoignage d'admiration de sa beauté.

Le *Mitachsara* ajoute, ce qu'elle acquiert par succession, achat, occupation, invention. Nous verrons plus loin la discussion qui s'est engagée relativement aux droits des femmes sur ces sortes de biens.

Tous les auteurs concordent à reconnaître à la femme un droit de propriété exclusive sur les biens qui lui sont donnés au moment ou à l'occasion de son mariage. Ces distinctions disparaîtront dans la pratique: il sera, en effet, fort difficile de reconnaître si les biens trouvés dans la succession d'une femme lui sont propres, en vertu de telle cause ou en vertu de telle autre. Dans quelques circonstances rares, on produira des titres écrits constatant que les biens sont propres à la femme, c'est-à-dire, qu'ils font partie de son Stridhana; mais ces actes feront rarement mention de la cause de l'acquisition. Il ne suffit pas, en effet, de dire dans un contrat de vente, par exemple, que l'immeuble acheté entrera dans le Stridhana de la femme; il est indispensable d'indiquer l'origine des deniers formant le prix ; autrement il serait facile de déguiser des donations et de constituer à la femme des avantages considérables au détriment des fils d'un autre lit, et même de ses propres fils. Dans notre droit, le mari qui a aliéné un immeuble durant la communauté, doit en faisant le remploi, indiquer dans l'acte et la provenance du prix, et son intention expresse de faire remploi. Les officiers publics, tabellions et notaires, devraient donc avoir grand soin, lorsqu'une femme achète un immeuble, de faire porter dans l'acte l'origine de la somme formant le prix, et si la femme est venderesse, la mention que l'immeuble lui est propre, et en vertu de quelle cause. Ces énonciations pourraient être contestées par les tiers ; mais elles seraient toujours d'une grande utilité pour éclairer le juge et les parties elles-mêmes. La Cour de Pondichéry a même décidé que cette mention à l'acte de la nature et de l'origine du bien, était essentielle pour établir la preuve du Stridhana. (Arrêts, 28 avril et 26 mai 1868.) Nous pensons que la Cour est allée trop loin et qu'il suffirait à la femme de rapporter, en dehors et indépendamment de l'acte la preuve de sa propriété exclusive.

Tout ce que la femme acquerra par un autre moyen que ceux indiqués, deviendra la propriété de son mari.

Catyayana: « Le mari a seul la propriété des choses que sa femme gagne par la culture des arts, tels que peindre, filer et de celles qui lui sont données en témoignage d'affection par les parents ou les alliés de son mari. La femme peut disposer des autres biens sans le consentement de son mari. »

Les biens donnés par des étrangers à une femme après le mariage, sont la propriété du mari. (*Mitachsara*, ch. 2, sect. 11. Macnaghten, *Principles*, p. 38, note.)

Le Stridhana d'une femme est sa propriété pleine et entière; elle peut l'aliéner à son gré et sans qu'il y ait de distinction à faire entre les meubles et les immeubles. Il y aurait exception, toutefois, à l'égard des immeubles, qu'elle tient de son mari.

(Th. Str. t. 1. pp. 27, 28, 247, 248, Macnaghten, *Princip.* pp. 43, 44, et 136, H. C. Mad. 2 décembre 1862. Arrêt, Pondichéry, 18 juillet 1868). Ce droit est clairement défini dans ce texte de Catyayana.

« Ce qu'une femme reçoit de son mari ou de ses parents, soit avant, soit après le mariage, soit dans la maison de son père, soit dans celle de son mari, est appelé don de parents affectionnés.

« Un tel don est la propriété absolue de la femme.

« Ce droit de propriété absolue est universellement reconnu : les femmes ont le pouvoir de vendre ou de donner à leur gré, les biens de cette sorte, terres ou maisons.

« Ni le mari, ni le fils, ni le père ni le frère n'ont le pouvoir d'user des biens qui sont la propriété légale d'une femme, ni de les aliéner.

« Si quelqu'un consomme les biens sans le consentement de la femme, il sera tenu de lui en payer la valeur avec les intérêts, et sera passible d'une amende.

« S'il les consomme avec son consentement, il devra en restituer le capital lorsqu'il aura les moyens de le faire. »

Nareda : « Une femme peut jouir à son gré, après la mort de son mari, des biens qu'il lui a donnés, à l'exception toutefois des terres et des maisons. »

Le mari ne peut disposer du Stridhana de sa femme que dans les cas de famine, d'une maladie grave, d'un emprisonnement pour dettes ou pour l'accomplissement de certains devoirs religieux formellement prescrits par la loi.

Yajnavalkya: « Si un mari s'approprie les biens de sa femme, en temps de famine ou pour l'accomplissement d'un devoir indispensable, ou pendant une grave maladie, ou lorsqu'il est emprisonné par un créancier, il ne pourra tant que dureront ces événements être contraint à la restitution des biens.»

Ce droit est attaché à la personne du mari; lui seul peut l'exercer (1166): ainsi, un créancier ne pourrait saisir les biens particuliers de la femme pour une dette contractée par le mari dans l'un des cas précités. Il serait peut-être bon de faire une distinction qu'indique la nature des choses: si le mari aliène les biens de sa femme pour subvenir aux besoins de la famille, il agit, pour ainsi dire, tant en son nom qu'en celui de la femme, tenue des mêmes obligations que son mari de fournir des aliments aux enfants; l'aliénation sera valable. Si, au lieu de suivre cette voie, le mari, trouvant à emprunter à des conditions avantageuses, hypothèque les biens, la femme sera-t-elle recevable à demander la nullité de cette hypothèque? ou bien encore le créancier ne pourra-t-il prendre une inscription judiciaire sur les biens particuliers de la femme? Nous pensons que l'hypothèque conventionnelle ou judiciaire serait valable; que le mari, en contractant, n'a été, en définitive, que le *negotiorum gestor* de sa femme, qui était tenue de fournir des aliments aux enfants. Mais, en dehors de ce cas spécial, ou si la femme a profité de la dette, nous pensons que le créancier n'a pas le droit de saisir les biens de la femme pour se faire payer. Le droit de disposer des biens particuliers de la femme est personnel au mari. L'aliénation que le mari consentirait, dans d'autres cas, des biens de sa femme, serait résoluble du chef de celle-ci : il en serait de même pour les servitudes, hypothèques et autres droits réels. Celui qui contracte avec un homme marié, devra s'enquérir d'abord de la consistance des biens particuliers de la femme, et, dans tous les cas, il agira prudemment en la faisant intervenir à l'acte; il évitera ainsi toutes les contestations qui seraient soulevées du chef de la femme.

Les bijoux à l'usage des femmes nous paraissent faire partie de leur Stridhana; le fait seul, qu'ils sont affectés à leur usage exclusif, nous semble établir une présomption de propriété en leur faveur.

Apastamba: « Les bijoux sont la propriété exclusive d'une femme. »

Manou et Vishnou: « Les héritiers du mari ne doivent pas, sous peine de péché, comprendre dans le partage les bijoux et objets de parure que les femmes portaient durant la vie de leurs époux. »

Les créanciers personnels du mari ne pourraient les saisir, à moins qu'ils ne justifiassent que le mari a détourné une partie de son actif pour donner des bijoux à sa femme, et cela postérieurement à l'acte authentique d'obligation. Ils seraient admis à faire preuve que le débiteur a agi en fraude de leurs droits. Les créanciers s'éviteraient bien des embarras, s'ils prenaient la précaution d'exiger que la femme s'obligeât avec son mari.

Les bijoux qui n'ont pas été donnés à la femme par son mari, ne sont pas sa propriété tant que dure le mariage. Ils deviennent sa propriété après la mort du mari et sont dévolus à ses héritiers particuliers comme Stridhana. (*Mitachsara*, ch. 2, sect. 11, § 33. Grady, p. 187.)

La femme a-t-elle pour son Stridhana une hypothèque légale sur les immeubles de son mari ? La question ne peut se présenter, qu'autant que le mari, dans les cas exceptionnels que nous avons indiqués, aurait disposé des biens particuliers de sa femme, ou qu'autant que celle-ci se serait obligée *principaliter*, ou en qualité de caution, pour une dette personnelle au mari. Il nous semble que, dans l'un et l'autre de ces cas, la femme doit avoir une hypothèque légale pour le recouvrement de son Stridhana; les mêmes raisons, qui ont fait accorder une hypothèque légale à la femme dans notre droit, militent en faveur de la femme indoue. Ses biens particuliers ont été employés à subvenir aux besoins du mariage, ou à venir en aide au mari : il paraît juste qu'elle puisse exercer une action en répétition des sommes qu'elle a payées, contre les biens actuels de son mari, ou ceux qu'il acquerra par la suite. Nous pensons même qu'à défaut d'acte écrit constatant le *quantum* du Stridhana, et l'emploi qui en a été fait, la femme pourrait prouver, par la commune renommée, contre son mari ou les héritiers de celui-ci, la consistance de ses biens propres. Cette preuve ne serait pas admise contre les créanciers du mari, qui ne sont pas en faute, et qui doivent savoir, d'une manière non équivoque, l'existence de la créance pour laquelle la femme veut exercer une hypothèque à leur préjudice. Les femmes indoues, qui s'obligent pour leur mari, et qui sont contraintes au payement, devraient exiger une quittance authentique, mentionnant la cause de la dette acquittée ; et lorsque le mari emploie le Stridhana, soit pour sortir de prison, soit pour subvenir aux besoins pressants de la famille, les femmes feraient bien d'intervenir aux actes d'obligation ou d'aliénation pour y faire constater l'emploi de leurs biens particuliers : elles auraient ainsi un titre certain à opposer aux créanciers du mari.

Nous émettons cette doctrine avec réserve : nous

indiquons cette question non pour la résoudre, mais pour la soumettre aux méditations des magistrats et des jurisconsultes laborieux et éclairés. Nous approuverions toute doctrine, qui aurait pour résultat de placer les femmes indoues dans une situation plus indépendante, et de les soustraire à la tutelle, toujours intéressée des parents de leur mari. Le *Mitachsara* décide toutefois que le mari n'est pas tenu de restituer les biens de sa femme lorsqu'il en a disposé légalement (251). La question subsiste dans toute son étendue pour le cas d'obligation contractée par la femme pour son mari.

Le mari peut-il employer les revenus des biens particuliers de sa femme pour l'entretien du ménage? On peut assimiler les biens particuliers des femmes indoues aux biens paraphernaux des femmes mariées sous le régime dotal : le mari aurait alors la disposition du tiers des revenus (art. 1575). Si le mari a joui du Stridhana, sans opposition de la femme, il n'est tenu qu'à la représentation des fruits existants (art. 1578 et ss.).

Le père de famille ne pourrait, sans le consentement de ses fils, donner à sa fille des immeubles des ancêtres. En tout cas, la donation qu'il en ferait serait sujette à réduction, si elle excédait d'une manière notable les dispositions permises pour le mariage des filles. Les tribunaux devraient se montrer larges appréciateurs des droits du père dans ces circonstances et n'admettre la demande en réduction qu'autant que la donation excéderait la quotité disponible. Nous émettons toutefois cette doctrine avec réserve, car elle est contraire au droit de co-propriété que les fils ont avec leur père dans les biens des ancêtres.

Le père pourrait-il en faisant une donation à sa fille au moment de son mariage, insérer dans l'acte la clause que les biens donnés feront en tout ou partie retour à ses héritiers? Nous ne le pensons pas, car cette disposition serait contraire aux règles des donations et aux dispositions de la loi qui déterminent l'ordre des héritiers aux biens particuliers des femmes.

Une femme peut être, pour cause d'indignité, privée de son Stridhana.

Càtyayana : « Une femme méchante, qui commet des actes injurieux envers son mari, qui n'a aucun sentiment de pudeur, qui détruit ses effets, qui prend ses délices à être infidèle à la loi conjugale, est indigne de posséder des biens de la nature de ceux ci-dessus indiqués. »

En cas d'indignité, à qui iraient les biens? Nous pensons qu'ils devraient être remis au mari à titre de dommages-intérêts, ou, à son défaut, aux héritiers de la femme, à charge de fournir des aliments à l'indigne. En tout cas, si elle était prodigue on pourrait lui nommer un conseil judiciaire.

§ 8. DU VEUVAGE.

Le veuvage impose à la femme de nouveaux devoirs : elle doit vivre retirée, dans la maison de son mari, se dépouiller de ses ornements et de tout appareil mondain. Il lui est interdit de se remarier ; les classes élevées observent rigoureusement ce précepte. Elle doit vivre dans la continence la plus absolue, à peine de perdre les honneurs et les droits civils que la loi lui confère. La femme qui mène une conduite déréglée n'hérite pas de son mari : si elle a recueilli les biens, elle est tenue de les restituer à l'ordre subséquent des héritiers de son mari. Il paraît que l'incontinence est une cause d'exclusion de la succession, mais non de résolution de la qualité d'héritier à l'égard des tiers, lorsque la veuve a pris possession de la succession. On peut consulter à ce sujet l'opinion de Colebrooke, dans une note sur Strange (t. 2, p. 344).

Nous ne croyons pas devoir donner des détails sur les *Suttees*; nous laissons à ceux qui écrivent l'histoire des mœurs des Indiens le soin d'en faire la description et d'en rechercher l'origine. (Voyez Hamilton, *India's Gazette*, v° Bengale; *Univers*, Inde, p. 252).

Cet usage existait encore, il y a quelques années, dans nos Établissements : on en trouve la preuve dans un arrêté du 22 janvier 1830, qui accorde une pension de 200 francs à une brahmine, qui, cédant à de pressantes sollicitations, ne s'est pas brûlée sur le corps de son mari.

Les veuves peuvent-elles se remarier? L'usage, plutôt qu'un texte précis de la loi, avait interdit aux veuves de se remarier. Le Gouvernement anglais, par l'Act XXII de 1856, a relevé les veuves des incapacités qu'elles encouraient en contractant un deuxième mariage. La question de la validité du mariage des veuves ne s'est pas présentée sur notre territoire; elle devrait être résolue dans le sens de la liberté du contrat, bien qu'il ne soit pas intervenu de décision législative à cet égard. Le mariage des veuves est interdit dans les castes suivantes :

1° Brahmes,
2° Rajahs,
3° Vellajas,
4° Vellanchetty,
5° Cavaré,
6° Yadaval,
7° Comouty,
8° Chetty,
9° Retty,
10° Rajepoutte,
11° Mahratte,
12° Kanakar,
13° Nattamane,

14° Maléamane,
15° Kammavar,
16° Senécodéar,
17° Courachetty,
18° Moutchy,
19° Cammaler,
20° Vannia,
21° Arriapatnoulcara.
(C. Co. 5 juin 1832).

« 69. Toutefois, lorsque le mari d'une jeune fille vient à mourir après les fiançailles, que le propre frère du mari la prenne pour femme suivant la règle suivante.

« 70. Après avoir épousé, suivant le rite, cette jeune fille, qui doit être vêtue d'une robe blanche, et pure dans ses mœurs, que toujours il s'approche d'elle dans une saison favorable, jusqu'à ce qu'elle ait conçu. »

Il ne serait pas nécessaire que la veuve obtînt du Gouvernement, l'autorisation de contracter mariage avec son beau-frère; c'est une exception à l'article 162 du Code. Les droits de la veuve, lorsque le mariage n'a pas été consommé, sont-ils aussi étendus que ceux de la veuve dont le mari est mort après la consommation du mariage? Il paraît que la veuve n'a droit qu'à des aliments et qu'elle n'hérite pas de son mari: c'est ce qu'ont décidé quelques Pundits, et la Cour suprême de Madras en 1824. Cette opinion nous paraît contestable, et nous suivrions de préférence la doctrine de M. Ellis, qui n'établit aucune distinction quant aux droits entre les veuves dont le mariage n'a pas été consommé et les autres veuves. Il déclare qu'il n'est pas à sa connaissance que cette distinction ait jamais été faite par les jurisconsultes indous. L'opinion d'un jurisconsulte aussi éminent est d'un grand poids dans cette question. Si les tribunaux éprouvaient quelques doutes, ils pourraient consulter le Comité de jurisprudence indoue sur l'usage suivi dans le pays.

Le Code Napoléon est appliqué aux habitants européens ou descendants des Européens. Il a été modifié, en ce qui concerne le mariage, par les deux arrêtés des 1er juillet 1833 et 25 mars 1845, qu'il est utile de reproduire :

Arrêté du 1er juillet 1833.

« Art. 1er. Il est dérogé, à l'égard des étrangers établis et domiciliés dans les possessions anglaises ou autres, avoisinant les possessions françaises, dans l'Inde, à l'obligation imposée, pour contracter mariage, de justifier de six mois de résidence continue dans un Établissement français, et de publications préalables à l'étranger.

« Il suffira de produire à l'officier de l'état-civil, un acte de notoriété dans la forme prescrite par l'article 71 du Code civil, contenant la déclaration faite par sept témoins de l'un ou de l'autre sexe, parents ou non parents, et de toutes classes, des prénoms, noms, profession et domicile du futur époux et de ceux de ses père et mère, s'ils sont connus, le lieu, et, autant que possible, l'époque de sa naissance, et les causes qui empêchent de rapporter les actes justificatifs de tous ces faits.

« L'acte de notorité contiendra, de plus, la déclaration positive des témoins, qu'il n'est point à leur connaissance que le futur époux soit engagé par mariage avec une autre personne.

« Art. 2. Les publications voulues par l'article 63 du Code civil, seront faites, pour les deux parties et en même temps, devant la porte du bureau de l'officier de l'état-civil du lieu où l'une des parties a son domicile dans les Établissements français de l'Inde.

« Art. 3. Il pourra être accordé à l'étranger, pour contracter mariage avec un Français, autant que la loi de son pays ne s'y opposerait point en établissant une incapacité, des dispenses d'âge pour lever la prohibition contenue en l'article 144 du Code civil, dans les termes de l'article 147 du même Code.

« Art. 4. En justifiant, de la part du Français marié à l'étranger, par acte de notoriété, en la forme ci-dessus, qu'il n'aurait pas conservé d'habitation en France ou dans les possessions françaises de l'Inde, il sera passé outre par l'officier de l'état-civil nonobstant le défaut des publications prescrites par l'article 170 du Code civil, à la transcription sur le registre public de l'acte de célébration du mariage contracté en pays étranger dans les termes de l'article 171 du Code civil, si d'ailleurs le mariage a été fait et célébré selon la loi locale et que l'acte qui le constate soit dûment légalisé. »

Arrêté du 25 mars 1845.

« Art. 1er. Les personnes qui résident dans l'un des Établissements français de l'Inde, dont la famille est domiciliée en France ou dans les pays situés à l'ouest du cap de Bonne-Espérance, et qui se trouvent dans les cas prévus par les articles 151, 152 et 153 du Code civil, sont dispensées des obligations imposées par lesdits articles.

« Art. 2. L'acte de notoriété à produire dans le cas prévu par l'article 153 du Code civil, pourra être suppléé par la déclaration sous serment des contractants, que le lieu du décès et celui du dernier domicile de leurs ascendants leur sont inconnus.

« Cette déclaration devra être certifiée aussi sous serment par les quatre témoins de l'acte du mariage, lesquels affirmeront que, quoiqu'ils connaissent les futurs époux, ils ignorent le lieu de décès de leurs ascendants et leur dernier domicile. Il sera fait mention par l'officier de l'état-civil, dans l'acte de mariage, desdites déclarations.

« Art. 3. Les publications de mariage seront faites et affichées devant la porte du bureau de l'état-civil, en se conformant aux dispositions des articles 166, 167 et 168 du Code civil, selon que les parties contractantes se trouveront dans les cas prévus par lesdits articles.

« Art. 4. Dans le cas où le dernier domicile de l'une des parties contractantes aurait été en France, ou dans des pays situés à l'ouest du cap de Bonne-Espérance, les publications de mariage, voulues par l'article 167 du Code civil, se feront au chef-lieu de l'Établissement français dans l'Inde, dans le ressort duquel les parties contractantes auront leur résidence actuelle, et seront notifiées au ministère public.

« Mais, dans ce même cas, lesdites publications ne pourront avoir lieu que sur un acte de notoriété dressé devant notaire, contenant la déclaration de sept témoins de l'un ou de l'autre sexe, parents ou non parents, constatant l'identité du futur époux, sa profession, son domicile, et, en outre, l'affirmation positive desdits témoins, qu'il n'est pas à leur connaissance qu'il soit engagé dans les liens du mariage.

« Si d'ailleurs, l'une des parties contractantes ne justifiait pas de son acte de naissance, les dispositions de l'article 71 du Code civil seraient exécutées dans tout leur contenu.

« Art. 5. Il ne pourra y avoir lieu de la part, soit des époux, soit des père et mère, ou ascendants, à l'action en nullité, contre un mariage contracté dans les Établissements français de l'Inde, lorsqu'à l'époque de ce mariage, les parties contractantes ou l'une d'elles se seront trouvées dans les cas d'exception prévus par les articles 1er et 4 ci-dessus, et qu'elles auront d'ailleurs satisfait aux autres formalités et conditions prescrites par les lois et le présent arrêté.

« Art. 6. Les peines portées par les articles 157 et 192 du Code civil cesseront d'être applicables aux officiers de l'état-civil, lorsque les parties contractantes, ou l'une d'elles, se trouveront dans les cas d'exception prévus par les articles 1er et 4 ci-dessus.

« Art. 7. Seront exécutées, relativement aux mariages entre Européens ou descendants d'Européens, toutes dispositions du Code civil autres que celles ci-dessus modifiées.

« Art. 8. Sont abrogés l'arrêté du 7 janvier 1833 et tous actes législatifs contraires au présent arrêté, qui sera exécuté à la diligence du Procureur général du Roi et enregistré partout où besoin sera. »

Le Gouverneur accorde les dispenses d'âge et de parenté.

CHAPITRE II.

De l'Adoption.

L'Adoption est d'un usage fréquent dans l'Inde : la crainte qu'ont les Indiens, en décédant sans postérité mâle, de ne pas acquérir les délices du ciel et de tomber dans l'enfer appelé *Pout*, est le motif qui les pousse à se marier. C'est aussi le motif qui les conduit à adopter un enfant mâle, si leur mariage est demeuré stérile. L'adoption a pour effet de dissoudre la puissance du père de famille naturelle, et de la transporter au père adoptant. Nous verrons cependant une exception à ce principe général, dans un mode d'adoption par lequel l'enfant adopté, sans sortir de sa famille naturelle, acquiert des droits dans la famille du père adoptant, et devient apte à rendre les devoirs religieux funèbres, et à son père naturel, et à son père adoptant.

§ Ier. DE L'ADOPTANT.

L'Indien n'adopte qu'à défaut de toute descendance mâle, soit fils, petit-fils, arrière petit-fils, ou lorsque ses enfants mâles sont incapables de recueillir sa succession, d'être héritiers, soit par suite d'exclusion de la caste, de maladie incurable, de démence, etc. : il peut adopter successivement plusieurs enfants. L'adoption n'a lieu qu'au profit des enfants mâles, qui seuls ont qualité pour acquitter la dette du père de famille envers les mânes des ancêtres.

Ce droit d'adoption peut être exercé par un homme marié capable, par un veuf ou par une veuve. Nous pensons qu'un homme qui ne se serait pas marié, n'aurait pas le droit d'adopter un fils, puisque l'adoption n'est qu'un mode subsidiaire d'acquitter sa dette envers les ancêtres. Il faut donc que le moyen le plus naturel et le plus sûr d'acquitter cette dette, qui est le mariage, ait été employé avant de recourir à l'adoption.

Deux personnes ne peuvent adopter le même individu.

Il est permis à la mort d'un fils adoptif, d'en adopter un autre : mais l'adoption de deux fils est prohibée et nulle. (Str. t. 2, p. 85).

Durant le mariage, le droit d'adopter appartient exclusivement au mari, c'est-à-dire qu'il n'a pas besoin du consentement de sa femme comme dans notre droit. L'enfant adopté par le mari devient également le fils de la femme, et est habile à célébrer les cérémonies funèbres de l'un et de l'autre.

Ceux qui sont frappés d'une des incapacités de succéder peuvent-ils adopter ? Nous tiendrions pour l'affirmative en faisant observer que l'adoption ne conférerait aucun droit à l'adopté dans la succession de l'adoptant et de ses parents, dans les cas où il ne pourrait pas arriver par représentation. Il aurait droit à des aliments.

La femme n'a pas le droit d'adopter pendant l'existence du mariage : elle n'a ce droit que lorsqu'elle est veuve, et encore elle ne peut l'exercer qu'au nom de son mari et avec son consentement exprès, ou celui des plus proches parents de son mari. C'est donc un droit qui n'est pas personnel à la veuve; elle continue, pour ainsi dire, la personne de son mari, accomplit en son nom un devoir que la mort ne lui a pas laissé le temps de remplir. Le consentement est donné expressément, par un écrit ou par paroles; dans ce dernier cas, si les héritiers du mari élèvent des contestations sur le consentement, la preuve par témoins sera accueillie par les tribunaux pour établir qu'il est intervenu.

La femme adopte, pour son mari, avec le consentement des plus proches parents, de ceux qui sont appelés à sa succession. Il paraît que ce droit n'est pas reconnu à la veuve par tous les jurisconsultes indous; mais, comme il n'est pas douteux qu'elle l'exerce dans le sud de l'Indoustan, nous n'examinerons pas la question au point de vue de l'existence du droit. Nous verrons que les conséquences de l'adoption faite par la veuve ne sont pas les mêmes, selon qu'elle adopte avec le consentement de son mari, ou avec le consentement des héritiers de celui-ci. La femme ne peut adopter que pour son mari : cependant des auteurs lui ont reconnu le droit d'adopter également au nom de son fils, décédé sans postérité mâle. La question est très-controversée, et a été résolue négativement par des jurisconsultes distingués, entre autres par Sutherland, dont on peut voir l'opinion dans l'ouvrage de Strange.

L'adoption produit des effets différents, selon qu'elle est faite par la veuve avec le consentement exprès du mari, ou avec celui des héritiers. Le principal effet de l'adoption est de rendre l'adopté héritier de tous les biens et de tous les droits de l'adoptant. Dans le premier cas, les héritiers légitimes ne seront obligés de restituer à l'adopté que les immeubles, et non les effets mobiliers dont ils auraient disposé, tels que meubles meublants, créances, etc., à moins qu'il ne soit justifié qu'ils ont connu l'intention du défunt. Dans le second cas, au contraire, lorsque l'adoption est faite avec le consentement des proches parents du mari, les héritiers consentants sont tenus de restituer au fils toutes les créances et les meubles dont ils ont disposé, et de lui restituer les immeubles existants en nature, ou le prix de ceux qui sont aliénés. Il dépendait d'eux de conserver la succession de leur auteur, de celui à qui ils consentent de donner un fils par adoption; ils n'ont pas à se plaindre s'ils sont tenus de restituer toute la succession à cet héritier qu'ils créent. En principe, l'enfant adopté est censé prendre la succession de l'adoptant, au moment du décès de celui-ci, et continuer sa personne sans interruption. Nous admettons une exception dans le premier cas que nous avons examiné, par le motif que les héritiers légitimes ont pu être victimes d'une erreur : la veuve, quand ils ont pris possession des biens du défunt, devait leur faire connaître les dernières intentions de son mari. L'adoption produit-elle des effets à l'égard des tiers qui ont contracté avec les héritiers du mari qui étaient en possession de la succession? La résolution du droit des héritiers a-t-elle effet envers eux? Nous pensons que cette résolution ne produit aucun effet contre les tiers; que l'adopté doit prendre les biens dans l'état où ils se trouvent, grevés de servitudes, d'hypothèques au profit des tiers, sauf le droit de demander compte aux héritiers dans les circonstances indiquées plus haut. Nous assimilerions ici les héritiers légitimes, dont l'adoption résout les droits, à des héritiers apparents:

il est reconnu en jurisprudence, et de nombreux arrêts ont consacré cette doctrine, que les actes faits par l'héritier apparent sont valables; nous appliquerions cette doctrine au cas qui nous occupe. On peut consulter, pour plus de détails, arrêts de la Cour de Caen du 21 février 1814; Cour de cassation, 17 août 1822; Duranton, t. Ier, etc.

L'adoption que la femme a faite, sans y être autorisée par son mari, ou les parents de celui-ci, est-elle valable et produit-elle quelques effets? Dans le droit romain, les femmes n'avaient pas, en règle générale, le pouvoir d'adopter. Les empereurs le leur accordèrent dans certaines circonstances: *Feminæ quoque adoptare non possunt, quia nec naturales liberos in suâ potestate habent.* La règle est la même dans l'Inde; les femmes ne peuvent adopter en leur propre nom et pour elles; l'adoption n'aura aucun effet à l'égard des héritiers du mari et pour les biens de celui-ci, si elle est faite par la veuve, sans y être autorisée. Les jurisconsultes ont admis un tempérament à cette prohibition absolue d'adopter; ils admettent que l'adoption produira quelques effets à l'égard de la femme, et que l'adopté sera habile à recueillir ses biens particuliers. Cette opinion, qui se rapproche du dernier état du droit romain, devrait, selon nous, être suivie dans la pratique; elle se fonde sur le *Mitachsara* et le *Traité de Strange sur l'adoption.*

La veuve a le pouvoir d'adopter un fils pour son mari, si elle y est autorisée par les parents de celui-ci, à défaut d'une autorisation spéciale qu'il lui aurait donnée de son vivant ou par testament. Quels sont les parents dont l'autorisation peut remplacer celle du mari? Le consentement de tous les parents n'est pas nécessaire: celui du beau-père, protecteur de la veuve serait suffisant. A son défaut, les tribunaux auraient à examiner si l'autorisation a été demandée et obtenue *bonâ fide* et non sous l'empire d'un caprice, par animosité contre des héritiers du mari ou pour d'autres motifs semblables. Ces questions ont été résolues en ce sens par un jugement du Conseil de la Reine, du 21 mai 1868, confirmatif d'un arrêt de la Cour de Madras. (*Madras Jurist*. 1865, p. 298, H. C. Madras 1865; *Madras Jurist*. 1867, p. 372).

Une veuve ne peut adopter que pour son mari: toute adoption qu'elle ferait sans autorisation du mari, ne donnerait à l'adopté aucun droit de succession sur les biens de celui-ci (*Madras Jurist*. Conseil de la Reine, 12 mars 1869):

Des fraudes nombreuses étaient commises par les veuves en matière d'adoption; il paraît qu'elles fabriquaient des actes contenant autorisation de leur mari. Les Cours anglaises du Bengale, pour obvier à ces fraudes fréquentes, ont adopté les règles suivantes: 1° publication par enregistrement de l'autorisation maritale; 2° simultanéité de la publication et de l'adoption. (S. D. A. Cal. 21 février, 30 juin 1857).

L'autorisation maritale est toujours nécessaire au Bengale. On peut du reste consulter à ce sujet les usages locaux.

Le mari peut donner à chacune de ses femmes le pouvoir d'adopter un fils. Elles ne peuvent en user simultanément, mais successivement ou l'une à défaut de l'autre. Exemple: un Indou donne à ses deux femmes l'autorisation d'adopter; la première adopte un fils qui décède après l'adoptante. La seconde veuve adopte alors un fils. Cette adoption est valable et la succession du mari est dévolue à l'adopté, pourvu toutefois que le premier adopté n'ait laissé ni fils, ni frère par sa mère adoptante. (S. D. A. Cal. 21 août 1867).

Ces autorisations d'adopter données aux veuves peuvent amener des compétitions singulières entre plusieurs adoptés. Exemple: un Indou donna par acte à sa femme le pouvoir d'adopter. Il lui survint ensuite un fils légitime qui survécut à son père et recueillit sa succession. Le père avait, avant son décès, renouvelé le pouvoir d'adopter qu'il avait précédemment donné à sa femme. Son fils donna lui-même à sa femme pouvoir d'adopter et mourut sans postérité légitime ; sa veuve adopta un fils. La veuve du père avait elle-même adopté un fils. Ces deux fils adoptifs, l'un par la veuve du fils, l'autre par la veuve du père, se disputaient la succession recueillie par le fils légitime de celui-ci. Il a été décidé que le pouvoir d'adopter conféré à la veuve était subordonné à la non existence de fils légitime ; que dès qu'il existait un fils légitime, ce pouvoir restait sans effet. Que le père ne pouvait priver son fils du droit qu'il tenait de la loi de conférer à sa femme le pouvoir d'adopter. (S. D. A. Cal. 30 janvier 1858).

La fille ne peut adopter. (C. Co. 6 décembre 1835).

Les bayadères peuvent acheter des enfants du sexe féminin, les élever dans leur profession, leur attacher le pottou dans la pagode et les garder dans leurs maisons. Ces actes équivalent à une adoption. (C. Co. 2 juin 1832).

A quelle époque la veuve peut-elle adopter soit avec l'autorisation de son mari, soit avec celle des parents de celui-ci ? Strange dit que l'autorisation des parents du mari peut être donnée à une époque quelconque. Nous ferons observer toutefois que l'adoption créant une paternité fictive, il serait nécessaire que l'adopté fut au moins d'un âge qui reporterait sa naissance au décès de celui dont il devient le fils.

Un mari mineur pourrait-il autoriser sa femme à adopter? Les Cours anglaises ont décidé qu'il devait obtenir le consentement de son tuteur. Nous émetterions un avis opposé, car il s'agit ici de l'exercice d'un pouvoir inhérent à la puissance paternelle et de l'accomplissement d'un devoir à la fois religieux et civil.

§ 2. DE L'ADOPTÉ.

L'adopté doit être de la classe de l'adoptant et choisi parmi les parents de ce dernier, et capable d'être héritier.

1° L'adopté doit être de la même classe que l'adoptant; s'il était d'une classe différente, l'adoption produirait cet effet singulier : l'adopté sortirait de sa famille naturelle, aurait perdu tous ses droits à l'hérédité de ses parents naturels, et n'entrerait pas dans une famille nouvelle; l'adoptant ne serait tenu que de fournir des aliments à l'adopté. L'égalité de classe est donc une condition essentielle de l'adoption. Nous ferons, à ce sujet, la même remarque que nous avons déjà faite au chapitre du Mariage, que l'on entend par classe les quatre grandes divisions de Manou, et non cette diversité infinie de castes.

2° L'adopté doit être choisi parmi les parents de l'adoptant, et dans le même *gotra* (lignée). L'adoptant ne peut cependant adopter un enfant issu d'une femme avec laquelle il n'aurait pu contracter mariage : en conséquence, tous les parents en ligne directe, et les parents en ligne collatérale, au degré de frère, d'oncle, les fils de fille, les fils de sœur, ne peuvent être adoptés. Une exception admise pour les Soudras, à l'égard des fils de fille et des fils de sœur, paraît être devenue commune à toutes les classes, tant l'usage dans l'Inde a été puissant pour modifier la loi. Les adoptions du fils de fille, et du fils de sœur, sont fréquentes et regardées comme valables dans la pratique par tous ceux qui seraient intéressés à les contester et à les méconnaître; la pratique a ajouté à la foi. Ellis, dans une note sur Strange, atteste cette coutume générale, en indiquant toutes les autorités qui prohibent les adoptions entre parents aussi proches en degré, dans la ligne par les femmes. (Voy. Strange, t. II, *passim*).

Le parent le plus proche parmi ceux qui peuvent être adoptés, doit donc être adopté; c'est ordinairement le neveu par les mâles. Un texte de Manou portant que le fils d'un frère est apte à faire les cérémonies funèbres pour son père et ses oncles paternels, semble contraire à ce principe : mais les commentateurs indous et autres, l'auteur du *Datta-Chandrica* entendent ce texte comme interdisant l'adoption de tout autre parent, tant qu'il est possible de la pratiquer au profit d'un neveu paternel. A défaut de neveu, l'adoptant doit choisir l'adopté parmi les autres parents de son *gotra*, sans distinction de proximité de degré et, à défaut de parents, il peut adopter un étranger. Il faut interpréter ces textes avec cette restriction que l'adoption qui aurait lieu sans tenir compte de ces prescriptions, ne serait pas nulle; c'est un devoir moral de les observer, plutôt qu'une obligation civile imposée à l'adoption. (Voy. Strange, 78, et Ellis, t. II, p. 75).

Le fils de famille ne peut être donné en adoption qu'avec le consentement de son père naturel; c'est une des conditions essentielles à la validité de l'adoption, dans le droit indou comme dans le droit français; les deux législations s'expliquent l'une par l'autre.

Il est interdit d'adopter un fils unique ou un fils aîné. Cette prohibition est plutôt religieuse que civile et la pratique a reconnu la validité de semblables adoptions. (Macnaghten, p. 70 à la note; arrêt Pondichéry, 17 septembre 1864).

On ne peut adopter un homme marié. (Str. t. I, pp. 39 et 91).

L'adopté ne doit pas avoir plus de cinq ou de huit ans pour les brahmes au moment de l'adoption; cette disposition est appuyée sur un texte du *Calica-Pourana*, que l'on peut lire dans Colebrooke, (D. t. III, p. 149).

L'adoption qui serait faite dans un âge plus avancé,

est considérée comme nulle par Colebrooke dans ses notes sur Strange (t. II, p. 232). Cette condition d'âge, essentielle à la validité de l'adoption, est fondée sur ce que les cérémonies d'initiation, qui se célèbrent dans un âge peu avancé, lient d'une manière irrévocable l'enfant à la famille de son père naturel. La question que l'on aura à examiner au préalable, est celle de savoir si ces cérémonies ont été accomplies; nous serions porté à considérer l'adoption comme valable, toutes les fois que ces cérémonies n'auraient pas eu lieu, quel que fût, d'ailleurs, l'âge de l'adopté. Ces cérémonies consistent dans la tonsure, *Chudavarana*, et dans l'investiture du cordon *Upanayana*. Elles sont célébrées ordinairement, la cérémonie de la tonsure, dans la deuxième ou la troisième année de la naissance, et la cérémonie d'initiation, dans les huitième, onzième et douzième années, selon les classes. Manou dit:

« 35. La cérémonie de la tonsure, pour tous les Dividjas, doit être faite, conformément à la loi, pendant la première ou la troisième année, d'après l'injonction de la Sainte-Écriture.

« 36. Que l'on fasse, dans la huitième année, à partir de la conception, l'initiation d'un Brahmane; celle d'un Kchatrya, dans la onzième année; celle d'un Vaisya, dans la douzième. »

Ces cérémonies, qui ne se pratiquent que dans les classes supérieures, sont remplacées, pour les Soudras, par la cérémonie du mariage. Dès lors, on doit conclure de ces observations, que l'adoption d'un adulte ou d'un homme marié est interdite par la loi. Quelques auteurs sont même allés plus loin, en déclarant que l'adoption n'était pas permise aux Soudras, puisqu'ils ne pouvaient pratiquer le *Datta-Homam*, permis seulement à ceux qui lisent les Védas (1). Cependant l'usage contraire s'est établi, et est devenu universel : la notoriété publique, la possession d'état d'enfant adopté est suffisante, à défaut de cérémonie spéciale, pour établir la preuve de l'adoption.

La loi indoue, dans le but de faciliter l'adoption, permet d'annuler les cérémonies d'initiation, déjà célébrées, par un sacrifice au feu. Cette faculté n'est permise qu'aux trois classes supérieures : le mariage étant irrévocable, ne peut être résolu pour faciliter l'adoption d'un Soudra. Il serait utile, lorsque les tribunaux ont à statuer sur des questions de validité d'adoption, que les Comités consultatifs de jurisprudence indienne fussent consultés ; ils sont seuls aptes à éclairer le juge sur les usages suivis dans le pays, et l'usage, sur ces questions, doit être pris en sérieuse considération.

Il n'est pas indispensable à la validité de l'adoption que l'adopté y ait donné son consentement ; ce consentement est, comme dans le mariage, suppléé par celui que donne le père naturel.

§ 3. DES FORMES DE L'ADOPTION.

L'adoption peut être constatée à l'aide de la preuve testimoniale ; un acte écrit, soit authentique ou sous-seing privé, n'est pas exigé par la loi. La loi indoue, comprenant parfaitement toute l'importance de l'adoption, a entouré son accomplissement de la plus grande publicité. Lorsque les cérémonies de l'adoption doivent avoir lieu, tous les parents et amis sont invités à y assister ; le *Datta-Homam*, ou d'autres cérémonies analogues, pour les castes à qui le *Datta-*

(1) Le *Datta-Homam* consiste dans une cérémonie par l'eau et le feu ; ceux qui seront curieux d'en connaître les détails peuvent recourir à la note de Colebrooke dans Strange, t. II p. 152.

Homam est interdit, sont célébrées. Ce qui constitue l'essence de ces cérémonies, est la dation de l'adopté par son père, d'une part, et l'acceptation par l'adoptant, d'autre part.

Afin d'éviter toute contestation ultérieure de la part des héritiers de l'adoptant, il serait bon de dresser un procès-verbal de la cérémonie d'adoption et de le déposer chez le tabellion. Cette précaution couperait court à bien des procès, et assurerait à l'adopté la dévolution, sans conteste, des biens de l'adoptant : ce procès-verbal serait signé par l'adoptant et celui qui donne son fils en adoption, avec la mention expresse de la dation et de l'acceptation. L'arrêté suivant, du 2 novembre 1855, a réglé pour la colonie les formes de l'adoption :

« Nous, etc.

« Attendu que les adoptions si fréquentes parmi les Indiens réclament des garanties dont elles n'ont pas été environnées jusqu'à ce jour, et qu'il est urgent de procéder d'une manière plus sûre à cet égard ;

« Sur le rapport et la proposition du Commissaire de la marine Chef du service administratif, et du Procureur général ;

« Le Conseil d'administration entendu ;

« Avons arrêté et arrêtons ce qui suit :

« Art. 1er. Outre les cérémonies en usage chez les Indiens, pour les adoptions, ils devront dorénavant les faire constater par acte authentique passé devant le tabellion et homologué par le juge de paix, jugeant en matière de caste

« Les adoptions contractées à l'étranger au profit de nos nationaux ou par nos nationaux, devront être constatées et homologuées dans la même forme.

« Art. 2. Dans le cas d'adoption par une veuve indienne, pour son mari défunt, sur sa désignation antérieurement faite, ou avec le consentement de ses parents, cette adoption ne pourra être faite après l'expiration d'un délai de quatre mois écoulés, à dater du jour du décès du mari.

« Art. 3. La validité de toute adoption qui ne serait pas faite dans la forme ci-dessus prescrite, pourra être contestée par ceux qui y auront intérêt, et les Tribunaux pourront en prononcer la nullité suivant les circonstances.

« Art. 4. Le Commissaire de la marine Chef du service administratif, le Procureur général et les chefs de service dans les Etablissements secondaires, sont chargés, chacun en ce qui le concerne, de l'exécution du présent arrêté, qui sera enregistré partout où besoin sera.»

§ 4. DES EFFETS DE L'ADOPTION.

L'adoption est une image de la paternité; son effet immédiat est de transporter l'adopté de sa famille naturelle dans celle de l'adoptant. L'adopté devient habile à succéder à tous les biens, meubles et immeubles de l'adoptant; il est tenu d'accomplir les cérémonies funèbres au décès de l'adoptant. L'adoption confère en outre à l'adopté des droits de succession dans la ligne des Sapindas de l'adoptant. Ce droit n'a lieu qu'au profit des adoptés capables de succéder. Si l'adoption avait eu lieu au profit d'un incapable, d'un sourd, d'un aveugle, d'un muet, d'un individu atteint d'une maladie incurable, elle ne confèrerait à l'adopté qu'un droit à des aliments.

L'adopté acquiert des droits de succession non seulement dans la ligne directe de l'adoptant, mais aussi dans la ligne collatérale. La question de savoir s'il avait des droits de succession dans la ligne collatérale a été longtemps discutée et résolue affirmativement. Il est utile de rapporter l'opinion de Macnaghten: « L'adoption, selon la forme Dattaca, étant complète, le fils adopté perd tous ses droits aux biens dans sa famille naturelle. Il ne peut toutefois, y contracter mariage aux degrés prohibés. Sa famille naturelle n'a aucun droit dans les successions qui peuvent lui échoir. S'il meurt sans postérité, après avoir hérité de l'adoptant, son père naturel n'a aucun droit sur sa succession qui est dévolue à la mère adoptante. L'adopté devient membre de la famille de l'adoptant et acquiert des droits de succession dans la ligne directe et dans la ligne collatérale (Manou, ch. IX.) Il est vrai que le Dayabhaga est contraire à cette doctrine: il soutient que l'adopté n'hérite pas dans la ligne collatérale.» La jurisprudence s'est établie dans le sens de l'opinion de Macnaghten. (S. D.A. Cal, 21 août 1867, 30 décembre 1858. *Madras Jurist*, 1867, p. 327.)

Un fils adopté vient-il à la succession des biens que sa mère adoptante a recueillis dans la succession de son père? La raison de douter est que, d'après Manou, l'adopté n'acquiert des droits d'hérédité qu'à l'égard des parents qui font partie du même *Gotra* que l'adoptant; or le père de la mère adoptante est d'un *Gotra* différent. Cependant la doctrine paraît être fixée en faveur du fils adopté. (*Madras Jurist*, 1867, p. 325.)

Quid? Si l'adoptant vient à avoir des enfants naturels, après l'adoption, nous entendons par enfants naturels, *liberi naturales*, ceux qu'il aurait de sa femme légitime, quels seraient les droits de l'adopté? Les jurisconsultes indous varient quant à la fixation de la part que doit avoir l'adopté, venant à la succession, en concurrence avec des enfants légitimes. Les uns lui allouent un tiers, d'autres un quart. La part augmente si l'enfant adopté est vertueux; elle diminue s'il n'est pas doué de bonnes qualités et s'il s'adonne au vice. Parmi les Soudras, l'enfant adopté partage par égale part avec l'enfant naturel. Ce mode de division, qui se rapproche du mode suivi dans notre droit (art. 350), devrait être généralement suivi, de préférence aux autres modes fondés sur des distinctions de qualités bonnes ou mauvaises, vertueuses ou vicieuses, impossibles à déterminer d'une manière précise dans la pratique. Nous verrons, d'ailleurs, au titre des successions quels sont leurs droits.

L'enfant adopté passe dans la famille de l'adoptant, et perd ses droits de succession dans sa famille naturelle ; il n'y conserve que les relations du sang, que la loi ne peut effacer. Il n'existe qu'un seul cas, où il conserve tous ses droits dans sa famille, c'est lorsqu'il est Dwyamushyayana, c'est-à-dire, fils de deux pères. Il arrive assez souvent, en effet, qu'un père de famille, en donnant son fils en adoption, stipule que, s'il meurt sans laisser d'autres descendants mâles, son fils donné en adoption célébrera ses cérémonies funèbres. Dans ce cas, l'enfant conserve dans sa famille naturelle ses droits de succession, et acquiert les mêmes droits dans la famille du père adoptant. L'adoption peut être même conditionnelle, à savoir que l'enfant adopté ne restera en la puissance de l'adoptant qu'autant que celui-ci n'aura pas ultérieurement d'enfants légitimes; s'il vient à en avoir, l'adoption est résolue, et l'enfant retourne dans sa famille naturelle. Il sera très-difficile, en l'absence d'un acte écrit exprimant l'intention des parties, de déterminer quels sont les effets de l'adoption et son étendue. En l'absence de tout acte écrit, il serait prudent, pour éviter toute discussion, de considérer l'adoption comme faite purement et simplement.

Le fils adopté n'est pas tenu des dettes contractées par son père naturel, et il ne peut être poursuivi en payement qu'autant qu'il est détenteur des biens; toute relation avec les parents du sang, en ce qui concerne le droit de succéder, est éteinte par l'adoption. Il est tenu *à contrario* des dettes contractées par son père adoptant. C'est d'après ces principes que les questions sur cette matière doivent être résolues.

L'adopté est tenu de fournir des aliments à la veuve de son père adoptant. (S. D. A. Cal. 5 mai 1858).

L'enfant adopté peut-il, en cas de besoin, réclamer des aliments à son père naturel ? Bien que cette demande paraisse, en théorie, contraire aux principes posés, nous croyons néanmoins qu'elle est recevable; l'obligation des aliments est, avant tout, une obligation naturelle et morale : « *Jura sanguinis nullo jure civili dirimi possunt* (Dig., *de Div. Reg. Juris*, liv. VIII). » Le père naturel ne serait tenu de fournir des aliments à son fils, donné en adoption, qu'autant que le père adoptant se trouverait dans l'impossibilité de les fournir lui-même.

L'adoption d'un fils, dit Kritima, n'est en usage que dans le Mithila. La différence qui existe entre cette adoption et l'adoption ordinaire est que l'adopté ne sort pas de sa famille naturelle. Il hérite de son père adoptant et de ses parents en ligne directe, mais non des parents en ligne collatérale. La veuve peut adopter pour elle un fils Kritima.

CHAPITRE III.

De la puissance paternelle.

Après avoir traité du Mariage et de l'Adoption, nous sommes conduits, par l'ordre des choses à expliquer les relations qui existent entre les pères et les enfants. Elles sont d'un ordre naturel et civil, et impliquent des devoirs réciproques, de protection de la part du père, de respect et de soumission de la part du fils. Nous aurons à examiner : 1° les pouvoirs du père sur ses enfants, 2° les devoirs des fils et leur capacité d'acquérir et de posséder des biens particuliers, 3° l'obligation réciproque du père et du fils de se fournir des aliments en cas de besoin.

§ 1er. DES POUVOIRS DU PÈRE SUR SES ENFANTS.

Le père a le droit de correction sur ses enfants : cette correction doit être modérée et faite à propos, comme disent les jurisconsultes indous. Le législateur n'indique aucun des moyens légaux que le père peut employer pour corriger un enfant indocile; nous pensons que l'on doit recourir au Code Napoléon pour compléter sur ce point le droit indou. Le père qui aura des sujets graves de mécontentement contre son enfant, pourra le faire détenir aux termes de l'article 376. Une difficulté peut se présenter : le père, dans le droit français, peut faire détenir son enfant, tant qu'il n'a pas atteint sa majorité, c'est-à-dire sa vingt-et-unième année. Au delà de cet âge, la puissance paternelle n'est, pour ainsi dire, que nominale. Le père indien peut-il faire détenir son enfant âgé de plus de seize ans révolus, âge fixé pour la majorité indoue? Si l'on applique l'esprit de la législation du Code, on se décidera pour la négative; le droit qu'a le père de faire détenir son enfant, s'arrête à la majorité : tel est le principe général. La loi n'a pas dit que l'enfant restait sous la puissance de son père jusqu'à sa vingt-et-unième année : elle s'est servi d'une autre expression, la *majorité* (art. 372). Or, on doit décider, par analogie, que le droit de correction du père indou s'arrête également à la majorité, c'est-à-dire à seize ans révolus. Nous inclinons à adopter cette opinion, et nous pensons que les présidents des Tribunaux agiront prudemment, en refusant d'accorder aux pères offensés la détention d'enfants âgés de plus de seize ans révolus.

Le père et la mère ont, dans la législation indoue, le pouvoir de vendre, de donner, d'abandonner leurs enfants dans les temps de famine ou lorsqu'ils sont accablés par la misère. (*Catyayana*). Cette nécessité qui oblige un père de famille de sacrifier toutes ses affections en se séparant de son enfant, se présente souvent dans ce pays affligé par des famines périodiques. Le contrat qui intervient entre le père et la personne charitable qui se charge de nourrir et d'élever l'enfant vendu ou abandonné, est parfaitement régulier et valable. Il vaut mieux que ces enfants soient recueillis et élevés que d'être exposés à la misère et à une mort certaine. Quelle autorité a sur l'enfant ainsi vendu ou abandonné, la personne qui l'a reçu? Le père a abandonné son droit de puissance paternelle qui passe à la personne qui élève son enfant. L'enfant ne peut donc être repris par le père au gré de ses caprices: celui qui est substitué à ses droits, ne peut être contraint à délaisser l'enfant. Dans ce pays l'intérêt bien entendu de l'enfant exigerait dans tous les cas que la demande du père fut repoussée. La plupart de ces enfants de naissance païenne, sont recueillis dans des familles chrétiennes ou dans des orphelinats chrétiens et sont élevés dans la religion catholique. Le père qui a abandonné son enfant, savait qu'il serait élevé dans les principes de la famille de celui qui l'a reçu: il ne pourrait, dès lors, sans une injustice évidente, sans froisser les sentiments les plus intimes de la conscience, exiger la remise de son enfant. La législation indoue comme nous l'avons dit, autorise ces ventes; l'usage suivi à Pondichéry est conforme à la loi, ainsi que l'atteste la délibération du Comité de jurisprudence indoue du 23 septembre 1837 qui porte que les père et mère ont le droit de donner leur fils en adoption, de le vendre et de l'abandonner.

La législation indoue offre, d'ailleurs, un remarquable exemple de cet abandon de la puissance paternelle, dans l'adoption. Les cérémonies d'initiation célébrées dans la famille de l'adoptant, transfèrent à celui-ci la plénitude de la puissance paternelle et le père naturel n'en retient aucune prérogative. Ne pourrait-on pas assimiler à cette initiation le contrat qui intervient entre le père qui vend son enfant et la personne qui l'achète.

Ce droit du père sur ses enfants avait reçu une sanction légale par les articles 14, 15 et 16 de l'arrêté du 30 décemdre 1769.

« Art. 14. Nul ne pourra vendre en ville et dans la banlieue, ses enfants, pour les mettre en esclavage, sans être préalablement muni d'une permission du lieutenant général de police, et il est défendu au tabellion de la chaudrie, sous quelque prétexte que ce puisse être, de passer une olle d'esclavage à la chaudrie sans en avoir obtenu la permission du lieutenant général de police.»

§ 2. DES DEVOIRS DES ENFANTS ET DE LA CAPACITÉ DES FILS POUR ACQUÉRIR ET POSSÉDER DES BIENS PARTICULIERS.

Les enfants doivent respect à leurs parents, et sont obligés de leur fournir des aliments en cas de besoin. S'ils manquent à leurs devoirs, les parents peuvent user contre eux des moyens de correction que la loi leur donne. Les fils, dans le droit indou, sont incapables, en principe, de rien posséder par eux-mêmes; tout ce qu'ils acquièrent, appartient à leur père. Mais les législateurs indous ont admis à ce principe de nombreuses exceptions, qui se trouvent posées dans le texte suivant de Manou:

« Mais la richesse acquise par le savoir, appartient

exclusivement à celui qui l'a gagnée; de même qu'une chose donnée par un aîné ou reçue à l'occasion d'un mariage, ou présentée comme offrande hospitalière.»

Dans le droit indou, les pécules ne sont pas d'une origine plus récente que l'interdiction imposée aux fils de famille d'avoir des biens propres; ils sont admis comme une exception à la règle, par la même loi qui établit l'interdiction d'acquérir. Chez les Romains, l'institution des pécules avait été lente et postérieure de plusieurs siècles à la loi des XII Tables. Ils distinguaient les pécules en *castrense* et *quasi-castrense*, comprenant toutes les acquisitions faites dans l'état militaire ou les professions civiles; nous avons employé à dessein un terme général, parce que les Constitutions des Empereurs étendirent successivement le droit de pécule à telle ou telle profession civile. Justinien créa une troisième espèce de pécule, qu'on appela pécule *adventif*; il généralisa une distinction déjà introduite par Constantin, Arcadius et Honorius. D'après ces Constitutions, les biens qui arrivaient aux fils de famille *non ex re patris*, mais de toute autre cause, *ex aliâ causâ*, appartenaient aux fils de famille. Ainsi le fils était propriétaire des biens qu'il avait recueillis dans la succession de sa mère, ou qui lui étaient laissés par un ascendant maternel, par son épouse ou même par sa fiancée. Le droit du père ne reste intact et absolu que sur les choses que le fils acquiert *ex re patris*; il a, toutefois, un droit d'usufruit sur les biens acquis *ex aliâ causâ*, en sorte, qu'à sa mort, ils ne sont pas compris dans la masse héréditaire, commune et partageable entre tous les enfants. Ils restent propres au fils de famille qui les a acquis.

Le père de famille n'était pas privé de toute espèce de droit sur le pécule castrans des enfants soumis à sa puissance. Le droit d'en disposer appartenait, sans doute, à ces derniers, et même exclusivement; mais, tant qu'ils restaient fils de famille, ce droit n'était réellement pour eux qu'une propriété conditionnelle ou plutôt une simple faculté, dont l'exercice pouvait seul paralyser le droit du père. Tout ce dont le fils de famille décédé, n'avait pas disposé, était réputé n'avoir jamais appartenu qu'au père. Ce n'était pas un droit nouveau que ce dernier acquérait, mais un droit ancien dont il reprenait l'exercice *similitudine cujusdam postliminii*. De là résulte, quant aux biens castrans, une différence importante suivant que le fils de famille décède testat ou intestat. On peut recourir, pour des renseignements plus étendus, à l'excellent commentaire des *Institutes de Justinien* par M. Ducaurroy, d'où nous avons extrait ces observations.

Dans le droit indou, les fils peuvent acquérir également des biens particuliers, soit par l'exercice d'une profession militaire et civile, soit *ex aliâ causâ*; ils sont, à l'égard de ces biens, considérés comme de véritables pères de famille. Les acquisitions, pour rester particulières au fils, doivent être faites sans le concours du père et sans l'emploi de ses biens. Dans l'un ou l'autre de ces cas, le droit du fils n'est pas étendu; il n'a pas la propriété exclusive de ce qui a été acquis. L'acquisition est commune au père et au fils, et le partage s'opère entre eux par égale part. Le principe est donc à peu près le même que dans le droit romain antérieur à Justinien sur les pécules castrans et quasi-castrans, et que dans le droit nouveau, qu'il établit sur les pécules adventifs; toute acquisition faite *ex re patris* appartient au père et au fils, et non exclusivement au père, comme dans la *Constitution de Justinien*.

Les biens que les fils de famille recueillent dans les successions auxquelles ils sont appelés, par exemple celle de leur mère, leur sont-ils propres, ou appartiennent-ils à leur père? Il ne faut pas perdre de vue que les pécules proviennent d'une industrie, d'un travail quelconque de la part du fils, ou d'une gratification qui lui est faite; que, dans le droit romain, avant les Constitutions dont nous avons parlé, les biens recueillis dans les successions appartenaient au père de famille. Le droit indou contient à peu près les mêmes règles que le droit romain. Les objets qui composent le pécule, ont été acquis par le commerce, les beaux-arts, la guerre, l'exercice d'une profession libérale, causes qui indiquent un travail et des efforts de la part de celui qui acquiert. Il semblerait donc, en s'appuyant sur ces données, que les biens recueillis dans les successions, par le fils de famille, doivent appartenir au père. Le contraire a été jugé, avec raison selon nous, par des motifs tirés principalement de la législation romaine, le meilleur guide en cette matière pour éclairer le droit indou. Nous croyons donc que les pécules comprennent non-seulement les biens acquis par le travail ou l'industrie du fils, mais encore ceux qui ont été reçus par lui en donation, ou recueillis dans les successions auxquelles il est appelé. Nous expliquerions le droit indou sur cette matière par les *Constitutions de Justinien* et de ses prédécesseurs.

En traitant des droits du père de famille, il est important d'être bien fixé sur la nature et l'étendue de ses pouvoirs quant aux biens.

La loi indoue divise les biens: 1° en biens qui viennent des ancêtres; 2° en biens qui ont été acquis.

Les fils ont dans les biens des ancêtres un droit de co-propriété avec leur père, conformément à la doctrine de tous les jurisconsultes, résumée dans ce passage de Yajnawalkya:

« Le père et le fils sont co-propriétaires, par droit égal, des acquisitions faites par le grand père, soit qu'elles consistent en immeubles, en meubles, en revenus placés. » (Sloca. 121, *Dharma-Sastra*, p. 39).

Quels sont les biens qui composent le patrimoine commun? Ils se composent des meubles et des immeubles qui ont été acquis par les ancêtres et qui sont transmis du père au fils par voie héréditaire. Le droit de co-propriété dans ces biens n'est pas limité au fils, il s'étend à tous les descendants mâles dans la ligne successorale, c'est-à-dire au petit-fils et à l'arrière petit-fils.

Les revenus de ces biens sont-ils également compris au nombre des biens patrimoniaux? La question a été longtemps résolue diversement, les uns considérant les revenus comme appartenant au père, les autres les faisant entrer dans le patrimoine commun. Elle a été résolue dans ce dernier sens par un important arrêt de la Haute-Cour du Bengale rendu en 1864. (*Madras Jurist*. 1867, p. 47). Cet arrêt qui a été rendu après partage, est fondé sur les motifs suivants pour décider que les revenus des biens patrimoniaux sont eux-mêmes patrimoniaux: « Dans les pays régis par le *Mitachsara*, le père et le fils sont propriétaires en commun. Le père, il est vrai, est seul administrateur des biens des ancêtres, et en cette qualité, il a la disposition des revenus. Tout ce qu'il dépense doit être considéré comme dépensé dans l'intérêt de la famille, de même que tout ce qu'il acquiert appartient à la famille. Sa famille a un intérêt dans les dépenses et dans les recettes. Il est difficile d'admettre qu'il peut disposer à son gré et pour son profit particulier de l'excédant des revenus sur les dépenses d'entretien. Ils ne sont pas sa propriété, mais celle de la famille: il en a la disposition et l'emploi et quoi qu'il ne puisse être contrôlé dans les acquisitions qu'il fait, à l'aide de ces revenus, ces acquisitions deviennent la propriété de la famille.»

Cette décision judiciaire est logique; mais elle renverse toutes les idées que nous nous étions formées relativement au pouvoir du père sur les biens des ancêtres. Elle n'a pas été accueillie sans difficulté par la Cour. Nous trouvons dans l'arrêt l'opinion d'un des juges qu'il nous paraît utile de rapporter : « Il reste à examiner une autre question, à savoir si les immeubles acquis par le père avec les revenus des biens des ancêtres, dont il est seul administrateur, deviennent biens des ancêtres. Il n'est pas contesté que les biens acquis par le père, sans l'emploi des revenus du patrimoine commun, ne soient sa propriété particulière; il peut en disposer à son gré. Les immeubles et les meubles provenant des ancêtres sont seuls communs; les revenus sont à la disposition du père. Si une partie de ces biens sort du patrimoine, ce qui est acquis en remploi devient bien des ancêtres. Les fils peuvent contraindre le père au partage de ces biens, mais tant qu'ils demeurent unis, le père seul a la disposition pleine et entière des revenus; il peut les dépenser à son gré et il ne doit pas compte à ses fils de leur emploi. Il est obligé d'entretenir ses fils; mais ce qui reste, après qu'il a pourvu à cet entretien d'une manière convenable, lui appartient et il a le droit d'en user comme il l'entend. Les revenus ne sont pas patrimoniaux et les immeubles acquis à l'aide de ces revenus ne deviennent pas patrimoniaux. »

La Cour a maintenu sa jurisprudence par un arrêt du 26 septembre 1866 *Madras Jurist.* 1868, p. 54).

Qu'entend-on par biens acquis? Ce sont les biens qui sont particuliers au père ou à ses fils, dont ils ont la disposition libre et entière. Ils proviennent de diverses causes : donation, achat, exercice d'une profession, pourvu que les biens patrimoniaux n'aient pas servis à l'acquisition. Cette condition est essentielle, car si elle ne se réalisait pas, l'acquêt deviendrait patrimonial. Nous aurons à revenir sur les biens particuliers, lorsque nous traiterons de la communauté.

Quels sont les pouvoirs du père sur les biens des ancêtres?

Nous venons de voir qu'il en a l'administration et qu'il a la jouissance des revenus à la charge de subvenir à tous les besoins de la famille. Mais il ne peut les aliéner sans le consentement de ses fils, si ce n'est dans des cas d'absolue nécessité et lorsque l'intérêt de la famille commanderait l'aliénation. Ses fils peuvent mettre un veto absolu à l'aliénation. Il a été jugé par application de ce principe qu'un fils peut attaquer les aliénations consenties par son père sans son consentement : s'il peut prouver que ces aliénations ont été faites hors des cas permis, il n'est pas obligé à la restitution totale ou partielle du prix à l'acheteur. Il ne serait tenu à la restitution du prix qu'autant qu'il aurait été employé dans l'intérêt de la famille, ou au payement de ses dettes. (H. C. Bengale, 29 avril 1868.)

Les fils ne peuvent contester les aliénations à titre onéreux que le père aurait faites ou les hypothèques qu'il aurait consenties ou qui auraient été prises sur lui pour acquitter des dettes légitimes. (Arrêts Pondichéry, 26 juin 1867, 1er octobre 1864).

Toutefois, le père a le pouvoir, d'après un usage suivi à Pondichéry, de disposer de quelques-uns des immeubles, sans le consentement de ses fils en faveur de sa fille. Ces biens font partie du Stridhana de la fille. (C. Co. 30 mars 1833).

Quant aux biens acquis par le père, par l'un des modes que nous avons indiqués, ils lui restent particuliers; les fils n'ont sur eux aucun droit actuel et ne peuvent ni critiquer les aliénations qui en seraient faites ni demander le partage de ces biens.

Nous verrons plus loin de quelle manière le père peut faire le partage de biens des ancêtres et des biens composant son patrimoine particulier.

Le créancier qui contracte avec un chef de famille

agira avec prudence, en s'informant quels sont les biens qui lui proviennent de ses ancêtres, et quels sont ceux qui lui sont particuliers : pour éviter des chicanes, il devrait même ne prendre d'inscription hypothécaire que sur les biens particuliers. Les aliénations que le père de famille aurait faites en dehors des cas prévus, sont nulles à l'égard des enfants, et tous les droits d'hypothèque consentis par les tiers acquéreurs eux-mêmes sont résolubles. Les biens des ancêtres ne peuvent être hypothéqués pour des dettes particulières du père. Nous ne prononcerions la nullité de ces aliénations ou des hypothèques consenties par le père, qu'autant qu'il paraîtrait évident qu'il a agi pour spolier les enfants d'un lit au profit des enfants d'un autre lit, circonstance qui se présente assez souvent dans l'Inde. Si on prononçait la nullité d'une manière absolue et sans aucune restriction, il en résulterait une grande incertitude dans les transactions et des perturbations dans les affaires. Nous avons dit que le père a le droit d'aliéner les biens patrimoniaux, lorsque ses fils sont mineurs ; il serait bon qu'il prît l'avis des parents les plus proches, réunis en conseil de famille. L'aliénation à titre onéreux qu'il ferait seul n'en serait pas moins valable ; il a l'administration des biens, et, en cas de minorité, ses droits peuvent être assimilés à ceux du père administrateur des biens particuliers de ses enfants (art. 389). La loi a pensé qu'il y avait une garantie suffisante dans l'affection que le père est censé porter à ses enfants. En convoquant un conseil de famille, dans lequel les motifs de l'aliénation seraient exposés et discutés, il mettrait sa responsabilité à l'abri de toute attaque ultérieure.

Ce droit, que nous reconnaissons au fils, d'attaquer les aliénations des biens des ancêtres faites par le père, est formellement consacré per la loi indoue. Nous trouvons dans le *Mitachsara*, page 84, le passage suivant :

« De même aussi le petit-fils a le droit de former opposition, si son père, non séparé de biens, veut faire une donation ou une vente de biens recueillis dans la succession du grand-père; mais il n'a pas le droit d'intervenir, si les biens sont des acquisitions faites par le père; au contraire, il doit acquiescer, car il est dépendant. »

Nous verrons, ultérieurement, si l'on ne doit pas établir, quant à la disposition des acquêts, une distinction entre les dispositions à titre onéreux, et celles à titre gratuit.

Les parents ont-ils l'usufruit légal des biens qui appartiennent à leurs enfants? Le droit indou est muet sur cette question; nous avons vu que le père, dans le droit romain, avait l'usufruit des biens composant le pécule adventif de son fils: les dispositions du Code Napoléon à ce sujet sont bien connues. Nous pensons que la législation indoue doit être entendue conformément aux législations romaine et française, et que le père a l'usufruit des biens personnels de ses fils. Nous appliquerions, en un mot, toutes les dispositions des articles 384, 385 et 386, avec l'exception admise dans l'article 387.

§ 3. DE L'OBLIGATION RÉCIPROQUE DU PÈRE ET DES ENFANTS DE SE FOURNIR DES ALIMENTS.

La législation indoue est plus libérale que la nôtre sur la prestation alimentaire; elle ne la restreint pas aux parents ou alliés en ligne directe; elle l'étend à toutes les personnes composant la même famille et vivant en communauté. C'est une obligation imposée à la communauté, comme nous le verrons, et non purement personnelle à chacun de ses membres. Hors le cas de communauté, l'obligation de fournir des aliments doit être renfermée dans les limites posées par le Code Napoléon ; il serait impossible, si on ne consultait que le droit indou, de lui assigner des bornes certaines.

La nature et la loi concourent pour prescrire au père et aux enfants de se fournir des aliments en cas de besoin. Il n'y a aucun doute possible en ce qui regarde les enfants légitimes mâles ou femmes ; les filles sorties par leur mariage de leur famille naturelle doivent à leurs père et mère des aliments, qui seront pris sur leur Stridhana. La difficulté naît, lorsqu'il s'agit des enfants naturels. Dans le droit français, les enfants naturels reconnus sont héritiers pour une certaine portion, et les enfants adultérins et incestueux n'ont droit qu'à des aliments ; durant la vie de leurs père et mère, ils doivent être nourris et entretenus par eux. Le droit indou ne leur confère pas des droits aussi étendus ; ils ne sont jamais héritiers et n'ont droit qu'à des aliments sur la succession de leur père ; leur mère a des droits semblables. Dans la pratique, il sera toujours fort difficile d'établir la filiation d'un enfant naturel ; les Indiens n'ont pas l'habitude de reconnaître leurs enfants naturels par-devant les notaires ou les officiers de l'état-civil. L'institution des registres de l'état-civil est trop récente pour qu'elle soit parfaitement connue de la population. Les tribunaux pourraient-ils admettre des reconnaissances sous signature privée comme valables, ou accorder à l'enfant naturel le droit de rechercher son père ? Nous pensons que les reconnaissances sous-seing privé seraient une preuve suffisante pour motiver une condamnation à une prestation alimentaire, au profit des enfants naturels. Dans la seconde hypothèse, nous croyons que, dans l'intérêt des familles, les Tribunaux devraient se montrer très-rigides sur l'admission de la preuve testimoniale, pour rechercher la paternité. Cette recherche, interdite dans notre droit, paraît l'être également dans le droit indou, ainsi qu'on peut l'induire des textes suivants de Manou, au livre IX :

« Ceux qui ne possèdent point de champs, mais qui ont des semences et vont les répandre dans la terre d'autrui, ne retirent aucun profit du grain qui vient à pousser.

« Ainsi, ceux qui n'ayant pas de champs, jettent leur semence dans le champ d'autrui, travaillent pour le propriétaire ; l'ensemenceur, dans ce cas, ne retire aucun profit de sa semence. »

Les Indiens n'ont pas l'habitude, avons-nous dit, de faire des reconnaissances, et nous n'interdirions pas, à cause de ce motif, la recherche de la paternité d'une manière absolue. Les Tribunaux pourraient l'admettre, lorsqu'elle serait appuyée sur des faits incontestables de possession d'état d'enfant naturel et sur un commencement de preuve par écrit. Telle est la modification que nous proposerions d'apporter dans la pratique à la législation sur cette question délicate.

La recherche de la paternité est-elle permise dans la législation indoue? Le Comité de jurisprudence a donné à cette question la réponse suivante : « Il n'est pas mention dans les lois indoues, de la recherche de la paternité ; mais l'usage pratiqué dans l'Inde permet à la femme de rechercher son séducteur. La preuve se fait devant les chefs et parents de la caste des deux parties. » (C. Co. 16 novembre 1832).

CHAPITRE IV.

De la Minorité et de la Tutelle.

L'âge fixé pour la majorité n'est pas le même dans les diverses écoles de l'Inde. Dans la doctrine qui est suivie au Bengale, l'Indou est majeur à l'âge de quinze ans révolus, tandis que dans la doctrine de l'école de Bénarès suivie dans ce pays, il n'est majeur qu'à l'âge de 16 ans révolus.

Jusqu'à cet âge les Indous sont incapables de faire par eux-mêmes aucun des actes de la vie civile, de contracter, de s'obliger. Pendant leur minorité, ils sont soumis à la tutelle de leurs parents les plus rapprochés.

Les fils de famille sont soumis à la puissance de leur père; à sa mort la tutelle s'ouvre. La législation indoue n'indique pas, d'une manière aussi complète et aussi précise que la nôtre, le mode de nomination du tuteur, et l'ordre des parents parmi lesquels il doit être choisi. Cette omission doit être réparée par la loi française, et, lorsqu'il s'agira de pourvoir à la nomination d'un tuteur, le conseil de famille sera convoqué et formé de la manière indiquée aux articles 406 et suivants. Les règles du Code sur les incapacités et les excuses de la tutelle, sur les pouvoirs du tuteur, sont applicables aux Indiens. Ces dispositions, qui sauvegardent les intérêts du mineur, qui veillent à la conservation de sa fortune, ne portent aucune atteinte aux usages locaux. Néanmoins la tutelle, chez les Indiens, ne s'ouvre pas, comme chez nous, par la mort du père ou de la mère. Le fils de famille est sous la puissance absolue du père; il ne possède rien en propre; tout ce qu'il acquiert appartient à son père. Il ne peut y avoir lieu à tutelle, que pour les pères de famille, comme dans le droit romain, qui seuls ont le *caput liberum*; telle est la règle générale, qui, selon nous, ressort des textes de Manou. Tant que le père existe, il n'y a pas nécessité, même après le décès de la mère, de convoquer un conseil de famille et de nommer un subrogé-tuteur. Le décès de la mère ne donne pas, en principe, ouverture à la tutelle; le fils de famille reste sous la puissance paternelle.

La loi indoue, comme la loi romaine, reconnaît aux fils de famille la capacité de posséder des biens particuliers, des pécules. Ils sont, en ce qui concerne ces biens particuliers, considérés comme des pères de famille, en ayant la disposition libre et entière. Durant le mariage le père a l'administration du pécule de ses enfants (art. 389). Si donc le mariage venait à se dissoudre par le décès de la mère, il y aurait ouverture à la tutelle, pour les enfants qui posséderaient des biens particuliers; il serait nécessaire de réunir un conseil de famille, de nommer un subrogé-tuteur et de se conformer en tout aux règles du Code sur la tutelle, afin d'éviter que le père ou le mineur puissent disposer de ces biens particuliers. Ces précautions sont d'autant plus nécessaires à prendre, que les fortunes des mineurs deviennent souvent la proie de proches avides et infidèles. En résumé, il n'y a lieu à la tutelle des mineurs qui n'ont pas de biens particuliers du vivant de leur père, et après le décès de la mère; la tutelle ne s'ouvre que par la mort du père, et par la mort de la mère pour les fils de famille qui ont des pécules. Le fils aîné est tuteur naturel et légal de ses frères mineurs, vivant dans l'indivision, après le décès de l'auteur commun. (Manou, liv. IV §§ 105, 106 et 107). Nous croyons que la mère devrait avoir un droit de préférence sur le frère aîné et nous distinguerions, en conséquence, deux espèces de tutelle naturelle et légale : 1° celle de la mère, 2° celle du frère aîné. Les tuteurs, autres que ceux que nous indiquons, devraient être nommés par le conseil de famille.

Pour parer aux inconvénients qui peuvent naître de la tutelle de proches parents, n'ayant ni fortune particulière et ne pouvant offrir de caution solvable, un arrêté de règlement du 22 février 1777, disposait que les biens des mineurs seraient administrés par le Procureur général, sous la surveillance et le contrôle de l'Administration. Cette loi, pleine de sagesse, a été implicitement abrogée, lors de la promulgation du Code Napoléon, en 1819; il eût été cependant utile de la maintenir en vigueur, car les abus qu'elle réprimait subsistent de nos jours. Nous croyons qu'il n'est pas sans intérêt de reproduire le texte de cette loi :

« Art. 1er. Seront les biens des mineurs, qui étaient ci-devant dans les cas d'être remis au ministère public, déposés aux greffes avec leurs titres et papiers, et en demeurera le greffier chargé par l'inventaire, qui en sera fait, comme dépositaire de biens de justice.

« Art. 2. Lesdits biens continueront néanmoins à être régis et administrés par les ordres de notre Procureur général; et ne pourra le greffier faire aux mineurs, aux créanciers, ni à qui que ce puisse être, aucune délivrance de deniers ou d'autres objets appartenant auxdits mineurs, à moins qu'on ne lui rapporte, à cet effet, des mandats de notre Procureur général, à peine contre le greffier de répondre en son propre nom des deniers et effets qu'il pourrait avoir délivrés, et pour raison desquels il ne justifierait point desdits mandats. »

L'article 3 dispose que l'emploi des fonds sera fait d'après une délibération des sept plus proches parents, sur les conclusions du Procureur général, et par décision du Conseil supérieur.

Les pouvoirs du tuteur sont, sur notre territoire, réglés par les dispositions du Code Napoléon. Mais il arrive fréquemment que des mineurs, dont le domicile est situé sur notre territoire, possèdent des biens sur le territoire anglais; il est important dès lors de connaître quelles sont relativement à la responsabilité des tuteurs les principes admis par nos voisins. Nous les trouvons exposés dans des arrêts de la Cour de S. D. A. de Calcutta des 11 décembre 1856, 13 juillet et 13 décembre 1858. Nous extrayons du premier de ces arrêts, les passages suivants qui exposent la doctrine sur cette matière:

« La question à juger est celle de savoir si une mère tutrice a le pouvoir, dans la législation indoue, d'hypothéquer les immeubles de son mineur. Il ne peut y avoir doute dans les cas semblables à celui qui nous est soumis, dans lesquels la tutrice hypothèque par nécessité les immeubles du mineur : seulement la preuve de cette nécessité est imposée au créancier hypothécaire.

« N'est-il pas nécessaire pour la solution du procès qui nous est soumis, d'entrer dans l'examen des circonstances dans lesquelles une tutrice indoue peut aliéner ou hypothéquer les immeubles de son mineur, circonstances qui rendent les aliénations valables dans la loi indoue. Il suffira de dire que nous tenons pour valable l'hypothèque consentie par une tutrice dans l'intérêt du mineur ; que cet intérêt constitue la cause de la nécessité de l'aliénation ou de l'hypothèque. Cette question s'est présentée rarement devant les Tribunaux : les décisions antérieures dans lesquelles la Cour a eu à déterminer l'étendue des pouvoirs des tuteurs sont intervenues dans des espèces où l'aliénation et l'hypothèque avaient été consenties soit pour subvenir aux dépenses de l'éducation du mineur, à ses aliments et à ceux de sa mère : la nécessité était évidente.

En résumé nous pensons que le tuteur a le pouvoir de faire tous les actes qui sont dans l'intérêt évident du mineur : que, dans ces circonstances, une vente ou une hypothèque consenties de bonne foi par une mère tutrice sont valables dans la législation indoue.»

La Cour de Pondichéry, faisant application de ces principes, a, par arrêt du 25 octobre 1862, décidé que la tutrice d'un mineur étranger a pu, sans observer les formalités prescrites par les articles 457 et 458 du Code Napoléon, aliéner des immeubles du mineur.

§ DE LA TUTELLE DES FEMMES.

Les femmes, dans le droit indou, sont soumises à une tutelle perpétuelle. Cet état d'incapacité les rend inhabiles à faire tous les actes de la vie civile, sans l'assistance des personnes sous l'autorité desquelles elles sont placées. C'est plutôt une curatelle qu'une tutelle véritable; le texte de Manou est précis :

« Jour et nuit les femmes doivent être tenues dans un état de dépendance par leurs protecteurs, et même lorsqu'elles ont trop de penchant pour les plaisirs innocents et légitimes, elles doivent être soumises, par ceux dont elles dépendent, à leur autorité.

« Une femme est sous la garde de son père, pendant son enfance, sous la garde de son mari, pendant sa jeunesse, sous la garde de ses enfants, dans sa vieillesse ; elle ne doit jamais se conduire à sa fantaisie.» (Liv. IX, §§ 2 et 3.)

Les femmes, comme nous l'avons vu, peuvent être propriétaires; lorsqu'elles auront des actions judiciaires à intenter, des aliénations à faire, des obligations à contracter, elles devront être assistées, pour la validité de tous ces actes, de la personne sous l'autorité de laquelle elles se trouvent. Il leur sera quelquefois difficile, dans l'état de veuvage, de connaître quel est le plus proche parent de leur mari ; dans l'incertitude, elles obtiendront l'autorisation de la justice. Cet état d'infériorité des femmes n'est pas particulier au droit indou. Chez les Romains, les femmes étaient toujours en tutelle : nous trouvons des traces nombreuses de cette institution dans les écrits de leurs historiens et de leurs jurisconsultes. Il nous suffira de citer le texte suivant d'Ulpien, liv. II, *Regularum, de Tutelis :* « *Tutores constituuntur tam masculis quam feminis; sed masculis quidem impuberibus duntaxat, propter ætatis infirmitatem; feminis autem tam impuberibus, quam puberibus, et propter sexùs infirmitatem et propter forensium rerum ignorantiam.* » Cette tutelle des femmes est un point très-obscur dans le droit romain. On lui connaît cependant un but certain lorsqu'elle était déférée à des tuteurs légitimes; la femme même pubère ne pouvait aliéner ses biens les plus précieux, ni contracter aucune obligation, ni tester sans l'autorisation du tuteur qui était héritier présomptif comme parent le plus proche. La tutelle des femmes fut abolie par la loi Claudia : (Voy. *Gaius Inst.*, lib. I, §§ 190 et 191).

Le Code Napoléon a-t-il modifié, étendu la capacité des femmes indoues? Nous ne le pensons pas. La tutelle des femmes est une des lois civiles les plus chères aux Indous et doit être maintenue dans toute sa rigueur. C'est aux tiers qui contractent avec elles à prendre leurs mesures, et à s'assurer qu'elles ont l'autorisation de leur tuteur ou curateur.

La femme peut-elle être tutrice de ses enfants mineurs? Elle est elle-même placée sous la tutelle des proches parents de son mari, et il semblerait qu'elle ne peut être tutrice. Cependant nous lui reconnaîtrions cette qualité. Son incapacité ne serait pas un obstacle absolu à ce qu'elle eût la tutelle; elle est comme mère intéressée à la conservation des biens de ses enfants, à la direction de leur éducation. Nous invoquerions, à l'appui de cette opinion, ce que dit Montesquieu dans son *Esprit des lois*, liv. XIX, ch. 24 :

« Les lois, dit-il, qui donnent la tutelle à la mère, ont plus d'attention à la conservation de la personne du pupille; celles qui la donnent au plus proche héritier, ont plus d'attention à la conservation des biens. Chez les peuples dont les mœurs sont corrompues, il vaut mieux donner la tutelle à la mère. Chez ceux où les lois doivent avoir de la confiance dans les mœurs des citoyens, on donne la tutelle à l'héritier des biens, ou à la mère, et quelquefois à tous les deux. »

Il se livre ensuite à l'examen de la législation romaine. Il est évident que les Tribunaux ne doivent pas avoir une confiance bien grande dans les proches parents du mineur; l'expérience a démontré que souvent ils abusaient de leur autorité pour dépouiller le mineur dont ils avaient la tutelle.

Cette opinion que nous émettions avec réserve est corroborée par Macnaghten qui donne à la mère la priorité sur le frère aîné. Les personnes qui sont appelées à la tutelle sont classées par lui dans l'ordre suivant :

1° Le père,
2° La mère,
3° Le frère aîné,
4° Les parents paternels,
5° Les parents maternels.

Il peut arriver que le mineur soit en communauté. La gestion des biens appartiendra au chef de la communauté et la garde de l'enfant à la mère. Si la communauté est dissoute, la mère administre les biens de son fils mineur, sous le contrôle et la surveillance des parents paternels de celui-ci, car elle est elle-même en tutelle. Nous dirions plus exactement en appliquant nos lois, qu'elle administre sous la surveillance du subrogé tuteur.

L'usage a, du reste, consacré à Pondichéry, le droit de la mère. Elle est, d'après un avis du Comité de jurisprudence indoue du 6 mars 1836, tutrice de son fils et, en cette qualité, elle a l'administration des biens du mineur.

Les mineurs indiens peuvent être émancipés par le père ou la mère, à l'âge de quinze ans révolus, et ils devront être pourvus d'un curateur. La capacité du mineur émancipé est réglée par les articles 481 et suivants du Code. Il est inutile d'observer que le mariage, chez les Indiens, ne produit pas l'émancipation; il est célébré ordinairement dans un âge tellement rapproché de l'enfance, qu'il y aurait un danger trop grand à reconnaître au mineur marié, une capacité civile même limitée.

Le titre du Code, qui traite de l'interdiction, est applicable aux Indiens dans toutes ses dispositions.

On peut se demander si, en matière pénale, la majorité indoue doit être prise en considération, ou si l'on doit appliquer les dispositions du droit français. Ainsi, en cas d'enlèvement de mineurs, s'attachera-t-on, pour diriger les poursuites, à la loi indoue sur la minorité, ou à la loi française? Nous pensons qu'en principe tout ce qui a trait au droit pénal est régi par la loi française. Le droit de créer, de modifier, d'abroger des pénalités, est un droit de la souveraineté, que le pouvoir dirigeant ne peut s'interdire. Or, lors de la promulgation de nos Codes, le législateur ne s'est engagé qu'à respecter les coutumes, les usages et les lois civiles des Indiens. Si l'on conservait quelques doutes à ce sujet, ils seraient levés par l'article suivant de l'arrêté de règlement du 27 janvier 1778:

« Art. 5 du titre III. Toutes les affaires criminelles

dont la connaissance appartiendra au lieutenant civil, se traiteront suivant les lois du royaume de France, et non suivant celles de Malabars, qui, à cet égard, ont toujours été rejetées. »

Il est impossible d'être plus explicite et plus clair sur la question qui nous occupe.

CHAPITRE V.

De la Propriété.

L'organisation de la propriété territoriale, dans l'Inde, a été l'objet de nombreuses et de savantes recherches historiques. Il n'entre pas dans le plan de cet ouvrage d'étudier la constitution de la propriété, dans les premiers âges de la société indoue. Nous devons nous borner à examiner de quelle manière la propriété immobilière est réglée dans nos Établissements.

Le Gouvernement français avait adopté, pour point de départ, le principe établi par les législateurs indous, que l'État est propriétaire du sol. En partant de ce principe, toutes les concessions qui étaient faites pouvaient être rescindées dans certains cas; le propriétaire n'était qu'un emphytéote, ayant le domaine utile, et tenu de certaines obligations; l'inexécution de ces obligations entraînait la résolution de son droit.

Tels sont, en résumé, les principes qu'avait adoptés le législateur, dans l'arrêté du 7 juin 1828, qui organise la propriété, et la perception des impôts dans les Établissements français. Cet arrêté, sagement conçu, divise les terres en plusieurs catégories:

1° Celles dont le Domaine a aliéné la propriété ;

2° Celles dont il a aliéné à perpétuité la jouissance ;

3° Celles dont il a conservé la jouissance et la propriété ;

4° Celles qui, n'étant pas susceptibles d'une propriété privée, sont concédées comme des dépendances du domaine public.

Les terres de la première catégorie sont elles-mêmes divisées en terres concédées sans redevance et terres concédées à rente foncière.

Les terres concédées sans redevance sont désignées et classées sous les indications suivantes :

1° Les terrains et emplacements de la ville de Pondichéry ;

2° Les manés et manémapous ou terrains d'habitation situés dans les aldées avec ou sans cours et jardin ;

3° Les sanadamanioms, ou terres concédées par les princes indiens ou le Gouvernement français, en récompense de services, ou à titre de munificence ;

4° Les devastanoms, ou dotations des pagodes, chaudries et autres établissements pieux et de charité;

5° Les tarpadymanioms, ou terrains attribués aux serviteurs des aldées, non rétribués par le Gouvernement, pour leur tenir lieu de solde.

Les manés ne sont susceptibles d'aucun changement de destination. Les devastanoms ne peuvent être vendus, échangés ou hypothéqués ou donnés à long bail, qu'avec le consentement du Gouverneur en Conseil.

Les terres peuvent être concédées en toute propriété, à la charge du payement d'une rente fixe à l'État. Les concessionnaires sont propriétaires incommutables et disposent des terres concédées, comme de choses à eux appartenant ; à défaut de payement de la rente aux époques fixées, il est procédé à l'expropriation de leur concession, et les aliénations qu'ils auraient faites sont résolues (art. 2125). Si la concession est onéreuse pour le concessionnaire, il peut en faire l'abandon intégral, qui n'est définitif qu'après acceptation du Gouverneur en Conseil. Le concessionnaire, pour jouir de cette faculté, doit payer les rentes arriérées et celles de l'année courante, et laisser l'immeuble libre de toutes servitude et hypothèque.

Dans les premières années qui suivirent la promulgation de cet arrêté, des concessions de terrains étendus et fertiles furent faites à des Européens pour y établir diverses cultures. Soit inexpérience, soit incurie de la part des concessionnaires, les essais d'agriculture, qui furent tentés, demeurèrent infructueux, et les concessionnaires furent réduits à faire abandon à l'Etat.

La seconde catégorie comprend les terres dont le Domaine a aliéné la jouissance à perpétuité, en se réservant la propriété du fonds; ces terres sont dites adamanoms. Elles forment la majeure partie des terres de notre territoire.

L'adamanaire est tenu de payer à l'État une redevance annuelle, qui varie de 32 à 48 p. o/o de la valeur des récoltes; il ne peut morceler son terrain, sans autorisation du Domaine, ni enlever les récoltes avant d'en avoir obtenu l'autorisation. Faute par lui de payer la redevance à l'un des termes fixés ou de mettre sa terre en valeur, il est évincé sans avoir droit à aucune indemnité, et les terres rentrent purement et simplement au Domaine. Sous ces restrictions, il est considéré comme un véritable propriétaire, pouvant aliéner et hypothéquer son adamanom.

Cette constitution de la propriété, dont il est facile de reconnaître les vices, avait provoqué des réclamations de la part des habitants et des personnes éclairées de la colonie et attiré la sollicitude du Gouvernement. Il était réservé à M. le contre-amiral

Verninac, de changer tout le système de l'arrêté de 1828. Dès les premiers jours de son arrivée dans la colonie, il s'occupa activement de cette réforme, à laquelle il préluda par un abaissement considérable de l'impôt foncier. L'arrêté du 19 février 1853, réduisit la redevance des terres à concession de 23 p. o/o de la rente actuelle, et celle des terres à adamanom de 33 p. o/o, et enfin celle des terres incultes de 50 p. o/o. C'était déjà un bienfait immense pour les cultivateurs.

Le décret impérial du 16 janvier 1854 organisa, d'une manière définitive et sur des bases nouvelles, la propriété foncière. L'article 1er dispose que tous les détenteurs actuels du sol, à quelque titre que ce soit, qui acquitteront l'impôt réglementaire, sont déclarés propriétaires incommutables des terres qu'ils cultivent. A partir de la promulgation de ce décret, toute distinction entre les divers titres de possession du sol a cessé : les Indiens sont devenus propriétaires, avec la même étendue de droits, que les propriétaires du sol en France et dans nos autres colonies. La conséquence immédiate de ce décret a été une augmentation considérable dans la valeur des terres. Les propriétés rurales, qui avoisinent la ville de Pondichéry, ont doublé de valeur ; des terres jusqu'alors incultes, ont été mises en culture. Les encouragements accordés à l'agriculture, ont stimulé le travail et excité l'ardeur des cultivateurs ; les productions agricoles ont augmenté, et le Gouvernement, après avoir accompli une révolution économique aussi importante pour le pays, n'a éprouvé aucun déficit dans ses revenus. C'est là un résultat admirable : quelque soit le peu d'étendue de nos possessions, quel que restreint que soit le théâtre sur lequel s'exerce l'action administrative, le bienfait n'en est ni moins réel, ni moins solide ; il ne se mesure pas à l'étendue du territoire. L'homme de bien, l'administrateur éclairé ne s'inquiète pas du nombre de ses administrés, mais seulement du bonheur qu'il est en son pouvoir de leur faire obtenir.

Décret.

« Art. 1er. A Pondichéry et dans les districts qui en dépendent, les détenteurs actuels du sol à quelque titre que ce soit, qui acquitteront l'impôt réglementaire, sont déclarés propriétaires incommutables des terres qu'ils cultivent.

« Art. 2. Il est réservé à l'administration coloniale, sur les récoltes, et au besoin sur le sol, pour le recouvrement de l'impôt courant, ou arriéré, un privilége qui s'exerce avant tous autres, et qui suit l'immeuble entre les mains de tous acquéreurs ou détenteurs.

« Art. 3. Le mode d'expropriation, pour cause d'arriérés, actuellement suivi à l'égard des terres dites à concessions, d'après la législation domaniale en vigueur, sera appliqué à toute terre soumise à l'impôt foncier.

« Art. 4. Le Gouvernement continuera à faire, aux frais de la caisse coloniale, tous les travaux d'irrigation, soit neufs, soit d'entretien ou de réparation, qui auront un caractère d'utilité générale.

« Art. 5. Les canaux d'irrigation nécessaires pour conduire à un point quelconque les eaux d'une rivière ou d'un étang, ne donneront droit, pour leur établissement et leur entretien, à aucune indemnité en faveur des propriétaires des terrains traversés.

« Art. 6. Les dispositions du présent décret sont applicables aux aldées de concession, ainsi qu'à celles possédées à titre de fermes perpétuelles. »

Ce décret a assuré la stabilité des fortunes et mis un terme à des spoliations nombreuses qui s'opéraient par l'intermédiaire du Domaine, et à son insu. Les détenteurs, par indivis, de terres à adamanom, les débiteurs de mauvaise foi qui voulaient s'affranchir d'une hypothèque judiciaire ou conventionnelle, négligeaient de payer la redevance au Domaine, et laissaient vendre la terre qu'ils rachetaient sous le nom et par l'entremise d'un tiers. Le créancier, le co-propriétaire, l'absent étaient spoliés sans aucun recours possible; ils n'avaient qu'une action personnelle contre le possesseur qui s'était laissé évincer, action en dommages-intérêts, fondée sur la fraude commise à leur préjudice. Il était souvent très-difficile de prouver cette fraude, tant les Indiens sont habiles à ourdir leurs trames, et à couvrir des apparences de la légalité les actes de spoliation les plus odieux. Tous les intéressés pouvaient, il est vrai, acquitter la redevance, et le Domaine s'efforçait de les avertir; mais ils pouvaient être absents, empêchés de paraître, ou même inconnus, et leurs droits étaient sacrifiés. Le décret du 16 janvier a fait cesser cet état de choses; en consolidant la propriété, il a affermi toutes les hypothèques, et donné aux nouveaux propriétaires un crédit dont ils n'avaient pas joui jusqu'alors. Il n'y avait, en effet, avant ce décret, aucune sécurité dans les placements hypothécaires.

La propriété est mobilière ou immobilière. Tout ce qui est relatif à la distinction des biens, aux modes d'acquérir la propriété par l'invention, l'occupation, l'accession, aux charges de la propriété, servitudes réelles et personnelles, est réglé exclusivement par le Code Napoléon. Le droit indou n'offre, sur ces divers points aucune disposition spéciale, qui n'existe dans nos lois ou qu'il soit utile et important de conserver.

La propriété se divise, chez les Indous, en propriété venant des ancêtres, et en propriété acquise. Cette division est reproduite à chaque instant dans leur législation, et nous aurons fréquemment occasion d'en parler.

En règle générale, les pères de famille seuls peuvent être propriétaires de biens meubles ou immeubles. Les fils de famille et les femmes sont incapables, en principe, de rien acquérir ou posséder en propre. Nous avons vu que la loi indoue avait admis des exceptions par l'institution des Stridhanas et des pécules.

La propriété s'acquiert et se transmet, comme dans notre droit, par succession, donation, testament, et par l'effet des obligations. Le mode de transmission de la propriété par vente a été soumis à une formalité qui n'existe pas dans le Code. Le principe, en matière de vente, est que le consentement suffit pour transférer la propriété. Ce consentement, dans nos Établissements, doit être manifesté par écrit et dans un acte authentique, aux termes de l'arrêté du 11 décembre 1841, ainsi conçu :

« Art. 4. Tous actes de vente d'immeubles entre Indiens ou entre Européens et Indiens, ne seront valables qu'autant qu'ils seront passés par actes publics. »

Ainsi, sur le territoire français, les ventes ne sont valables qu'autant qu'elles sont constatées par un acte authentique, l'acte de vente sous signature privée est radicalement nul. Les Tribunaux ne pourraient même ordonner que le jugement tiendrait lieu d'acte de vente, si le vendeur, assigné par l'acheteur, reconnaissait que la vente a eu lieu par convention verbale. L'acte de vente est, dans le droit de l'Inde française, devenu un acte solennel, qui ne peut être remplacé par aucun acte équivalent, qui doit être notarié, et que l'on peut, sous le rapport de la forme, comparer aux actes de donation et de contrat de mariage dans notre droit.

Cet arrêté ne créait pas une disposition nouvelle; il remettait en vigueur, en l'étendant, l'article 4 du règlement du 18 novembre 1769, rappelé par l'arrêté local du 6 décembre 1838, portant ce qui suit :

« Tous actes sous-seing privé pour vente et achat de maisons, jardins et autres immeubles, ne pourront être passés entre parties que sous la condition et promesse expresse dans lesdits actes, d'en passer contrat dans l'espace d'un mois par devant le notaire public ou le tabellion de la chaudrie, suivant l'ordre des parties, laquelle acquérante décidera de l'un ou de l'autre de ces notaires; faute de quoi tout acquéreur ne pourra prétendre jouir des maisons, jardins, terrains ou autres immeubles, dont le billet sous-seing privé de vente et d'achat n'aurait pas été ratifié par un contrat par-devant le notaire public ou le tabellion de la chaudrie dans ledit espace d'un mois; la propriété devenant alors dévolue de droit au vendeur, quand bien même il se serait dessaisi desdits immeubles. »

Ce règlement était tombé en désuétude pendant l'occupation anglaise. L'arrêté de 1841 l'étendit, et, afin de ne pas voir annuler des ventes contractées de bonne foi, et en ignorance du règlement, il disposa, dans ses articles 2 et 3, que :

« Art. 2. Tout acte de vente d'immeubles, qui, antérieurement à la promulgation du présent arrêté, aura été fait par écrit sous-seing privé, et aura été exécuté de bonne foi par les parties contractantes ou leurs ayants-cause, ne pourra, par cela seul qu'il n'aura pas été confirmé par acte public devant le notaire ou le tabellion, suivant la classe des parties, être attaqué de nullité.

« Art. 3. En conséquence, tout acte de vente d'immeuble, antérieur à l'époque fixée par le précédent article, qui n'aurait pas été passé devant le notaire ou le tabellion, pourra néanmoins être présenté par toute partie intéressée, tant au bureau des hypothèques qu'à celui du Domaine, pour y être soumis à la transcription, et constater la mutation de propriété au profit de l'acquéreur. »

Cette restriction, apportée par l'arrêté au principe général qu'il établissait, a été funeste au pays; elle ouvrait une voie à la fraude, et un moyen sûr et facile d'éluder les prescriptions de l'article 4. Tous les jours, nous voyons produire en justice des actes de vente sous signature privée, récemment transcrits, et opérant mutation de propriété; ils sont ordinairement produits dans les demandes en distraction sur saisie immobilière. Le demandeur invoque la présomption légale, tirée des articles 2 et 3; le créancier saisissant est obligé de prouver que la vente est frauduleuse, et que l'acte de vente n'a pas été exécuté de bonne foi. Nous croyons qu'il faudrait imposer au demandeur la preuve que la vente a été exécutée de bonne foi, et ne recevoir sa demande qu'autant qu'il aurait fait cette preuve. Il en résultera, dans tous les cas, quelle que soit la décision que l'on admette, des lenteurs préjudiciables aux intérêts du créancier. Il eut été facile de prévenir toutes les contestations qui naissent sur l'exécution de cet arrêté, en fixant un délai pendant lequel tous les actes de vente sous-seing privé seraient soumis à la transcription en présence de toutes les parties contractantes et des créanciers hypothécaires, et que tous les actes non transcrits dans ce délai ne seraient pas reçus en justice.

L'arrêté du 19 avril 1856 a enfin apporté un remède à la législation vicieuse du 11 décembre 1841; il dispose ce qui suit:

Arrêté.

« Art. 1er. § 1. A dater de la promulgation du

présent arrêté, l'authenticité prescrite pour la validité des actes de ventes d'immeubles faites sous-seing privé entre Indiens ou entre Européens et Indiens, sera remplacée par un enregistrement sommaire dans les bureaux du Domaine, opéré dans le délai d'un mois fixé par l'article 4 du règlement du 19 novembre 1769.

« § 2. Il sera perçu pour cet enregistrement un droit de 30 centimes.

« § 3. Lorsqu'il s'agira d'un immeuble rural, le plan du terrain vendu pourra être remplacé par un extrait de la matrice générale du rôle présentant les abornements de chaque parcelle.

« Art. 2. Les dispositions qui précèdent s'appliquent à tous les actes translatifs ou déclaratifs de propriété, ainsi qu'à tous ceux qui consacrent un droit d'usufruit, d'usage ou de servitude, sur un bien immobilier.

« Art. 3. La disposition transitoire des articles 2 et 3 de l'arrêté du 11 décembre 1841, cessera d'avoir son effet trois mois après la promulgation du présent arrêté.

« Art. 4. Il est bien entendu que le présent arrêté ne déroge en rien aux dispositions du Code Napoléon, en ce qui touche les droits des tiers et la purge des hypothèques. »

Il nous semble utile de rappeler aux Indiens les principes du Code Napoléon, en ce qui regarde l'effet des actes translatifs de propriété. La pratique des affaires de ce pays, nous a donné la conviction que les acheteurs ignorent les précautions qu'ils ont à prendre pour se prémunir contre l'action des tiers.

L'acheteur doit, en contractant :

1° Se faire représenter par le vendeur un certificat négatif délivré par le conservateur des hypothèques, tant au nom du vendeur, que de l'auteur de celui-ci pendant dix ans ;

2° Exiger du vendeur la déclaration que l'immeuble lui est propre et n'est pas un bien patrimonial, et la production de l'acte de partage établissant que l'immeuble est échu à son lot ;

3° Exiger la remise des titres de propriété ;

4° Faire transcrire l'acte de vente à la conservation des hypothèques, pour faire courir les délais de l'article 834 du Code de procédure, et ne payer le prix qu'à l'expiration de ces délais ;

5° Si l'immeuble est grevé d'hypothèques légales, judiciaires ou conventionnelles, remplir les formalités de la purge.

Le vendeur non payé du prix, doit faire transcrire l'acte de vente, dans le cas où l'acquéreur ne le ferait pas, pour conserver son privilége (art. 2108).

Les actes translatifs de propriété sont :

1° La vente,

2° L'échange,

3° La dation en payement d'un immeuble,

4° Les donations,

5° Les testaments.

6° Tous actes, sous quelque dénomination, ayant pour effet de transférer la propriété.

Les actes déclaratifs de propriété sont :

1° Les actes de partage entre héritiers,

2° Les actes de partage entre communs en biens,

3° Ceux opérés par des ascendants.

L'arrêté que nous venons de citer, règle seulement la forme des actes de vente, qui doivent être soumis à l'enregistrement. Cet enregistrement ne produit pas, à l'égard des tiers, l'effet de la transcription.

Les immeubles sis dans l'enceinte de la ville de Pondichéry, doivent être clos, aux termes de l'arrêté du 25 novembre 1826.

Arrêté.

« Art. 1er. Les propriétaires, soit anciens soit nouveaux, de terrains et emplacements situés dans l'enceinte des boulevards de la ville de Pondichéry, et qui ne sont pas clos, sont tenus de les faire clore de murs, de la manière et dans les délais ci-après.

« Art. 2. Les propriétaires européens ou indiens, présents ou domiciliés dans l'Inde, ou qui y sont dûment représentés par des fondés de pouvoirs, devront clore ou faire clore leurs terrains et emplacements, dans le délai d'un an à dater de la promulgation de la présente ordonnance.

« Ce délai sera double pour les propriétaires absents domiciliés hors du continent de l'Inde, et qui n'y sont pas représentés.

« Art. 3. Les murs d'entourage des terrains situés dans la partie de la ville, dite Ville-Blanche, c'est-à-dire limitée à l'ouest par le canal et au nord par la rue de Motoucaddé, seront en briques cuites.

« Ceux de la Ville-Noire pourront être en mortier de caliment et couverts d'un chaperon.

« Les uns et les autres auront six pieds de haut au moins.

« Art. 4. Les terrains et emplacements qui, à l'expiration des délais fixés, n'auraient pas été clos conformément à l'article précédent, seront, sur le rapport de l'Ingénieur chargé du service de la grande voirie, approuvé par l'Administrateur général en Conseil, vendus en justice, sans frais, au profit des propriétaires et à la charge, par les acquéreurs, de les faire clore dans le délai de quatre mois à compter du jour de l'adjudication.

« Faute par les adjudicataires de remplir ces conditions, la revente aura lieu à leurs frais et leur folle-enchère.

« Art. 5. Dans le cas où il ne se présenterait point d'acquéreurs, les terrains et emplacements invendus rentreront purement et simplement au Domaine, pour être, soit clos directement par le Gouvernement, soit concédés de nouveau, à la charge par les concessionnaires de les faire clore.

« Les anciens propriétaires ne pourront, dans ce cas, prétendre à aucune indemnité.

« Art. 6. Sont abrogées toutes dispositions contraires à la présente ordonnance, laquelle sera enregistrée à la Cour royale de Pondichéry, affichée et publiée, de trois mois, en trois mois, pendant un an, à dater du jour de sa promulgation. »

On a élevé la question de savoir si les actes de vente sous-seing privé, pouvaient motiver une condamnation à des dommages-intérêts au profit de l'acheteur, lorsque les actes contenaient stipulation d'une clause pénale. Cette question a été résolue négativement par la Cour impériale de Pondichéry, par arrêt rendu après partage, Quel que soit le respect que nous professions pour les décisions des Tribunaux supérieurs, nous ne pensons pas que cet arrêt doive former jurisprudence. L'acheteur peut avoir un intérêt immense à devenir propriétaire de l'immeuble qu'on offre de lui vendre; il peut avoir fait des dépenses, acheté des matériaux de construction en prévision que la vente deviendra parfaite. Le vendeur est-il bien favorable dans ses prétentions? Il s'est volontairement engagé à passer un acte de vente dans les formes de la loi; il s'est lié par la stipulation d'une peine : n'y a-t-il pas là une obligation de faire, donnant ouverture à des dommages-intérêts? Si l'acte, par lequel il s'est engagé, était conçu en ces termes : « *je m'engage à vous payer tant, si, dans un mois, je ne vous vends pas tel immeuble*, » l'obligation serait-elle nulle pour défaut de cause? Dans l'ancien droit, la vente, pour être parfaite, devait être suivie de la tradition; la propriété n'était transférée qu'après qu'elle avait eu lieu. Si le vendeur se refusait à livrer la chose vendue, l'acheteur avait le droit, par action *ex empto*, de se faire mettre en possession de cette chose, ou d'obtenir des dommages-intérêts. Il nous semble que la Cour est allée trop loin en refusant de reconnaître à ces conventions la force obligatoire en ce qui concerne la clause pénale.

Les questions que nous venons d'examiner auraient mieux trouvé leur place sous le titre de la vente. Nous les avons traitées ici, parce qu'il nous a semblé inutile de consacrer un chapitre à la vente, contrat sur lequel le droit indou ne contient aucune règle qui ne se trouve dans toutes les législations.

Les Indiens peuvent-ils affecter des immeubles à des établissements religieux ou de charité, au détriment de leur créanciers? Nous croyons que les immeubles destinés par des particuliers à des œuvres pies ne sortent pas du commerce, ni du patrimoine du disposant. S'il en était autrement, il serait facile à un débiteur de mauvaise foi, de soustraire ses immeubles à l'action légitime de ses créanciers. Les établissements de charité ou de piété, reconnus et autorisés par le Gouvernement ou ceux qui ont une date ancienne, sont seuls inaliénables: Le Gouvernement a un droit de haute surveillance sur ces établissements; il a intérêt à ce que les biens de main-morte soient restreints dans de justes limites. Les Indiens qui auraient l'intention d'élever des chaudries, ou de faire des dotations immobilières aux pagodes, ou autres établissements du culte, devraient, au préalable, se faire autoriser par l'Administration. Nous n'établirions aucune distinction entre les créanciers antérieurs ou postérieurs à la disposition, lorsque le débiteur aurait affecté ses immeubles à des œuvres pies, sans avoir obtenu l'autorisation du Gouvernement.

L'Administration impose certaines conditions dans l'acte d'autorisation de ces chaudries ou établissements de charité, et règle la manière dont ils seront régis. Il paraît résulter de certains arrêtés d'autorisation que le Gouvernement ne considère pas les chaudries comme inaliénables; la destination seule ne peut en être changée. L'arrêté du 21 octobre 1846, qui concède un terrain à Diaguemodéliar pour y établir une chaudrie, dispose: « que la concession est faite à la charge d'entretenir le Bangalow en bon état; que les conditions et charges sont obligatoires pour les héritiers et les acheteurs, en cas d'aliénation. »

Cet arrêté indique clairement l'opinion du législateur local, sur la question qui nous occupe.

CHAPITRE VI.

De la Communauté.

La communauté est une espèce de société légale entre proches parents, vivant sous l'administration du plus âgé, ou de celui qu'ils ont librement choisi. C'est l'état normal des familles indoues; la communauté commence ordinairement entre les frères, à la mort du père commun, c'est-à-dire, que, si un chef de famille, qui n'était pas lui-même en communauté, vient à mourir, ses biens passent à tous ses fils comme s'ils ne formaient qu'une seule tête. Il semble que les biens n'ont pas cessé d'appartenir à la même personne, puisque la division n'en est pas opérée; il n'y a aucune mutation. La durée de la communauté est illimitée; elle continue tant qu'un partage n'est pas intervenu entre tous les communs. Elle peut donc comprendre plusieurs familles, toutes liées entre elles par la parenté agnatique : l'un des communs venant à mourir, sa succession, à moins qu'il n'ait des biens particuliers, ne s'ouvre pas à proprement parler ; les droits qu'il avait dans les biens communs ne sont pas dévolus à ses héritiers; ses enfants mâles prennent sa place, mais tous les biens restent dans la communauté : *una domus, communia omnia.*

Le Comité consultatif a déclaré, contrairement à l'opinion de tous les auteurs, que la communauté n'était pas le droit commun des Indous (C. Co. 19 juin 1841.) Cette décision est erronée et ne peut s'appuyer sur aucune autorité.

§ 1er. DU CHEF DE LA COMMUNAUTÉ.

La communauté est administrée par le chef, à qui sont confiées la conduite et la gestion de toutes les affaires de la famille. La loi désigne l'aîné pour exercer ce droit; mais les communs en biens ne sont pas absolument et irrévocablement liés par cette présomption légale. Ils peuvent librement choisir, parmi eux, celui qui, par ses lumières, sa prudence, sa moralité, leur inspire le plus de confiance, et le placer à la tète des affaires communes. Ce n'est donc qu'à défaut de désignation par les communs en biens, que la présomption de la loi doit être suivie, et que l'aîné aura la gestion de la communauté. Les communs peuvent faire cette désignation expressément, s'ils choisissent l'un d'eux dans une réunion de famille, et par un acte écrit sous-seing privé ou authentique; tacitement, s'ils abandonnent, sans objection, l'administration à l'un deux, et le laissent agir, sans entraves, dans l'intérêt commun. Toutes les fois qu'il y aura un acte écrit constatant le choix fait par les communs, il n'y aura aucune difficulté pour connaître le chef de la communauté ; mais, lorsque cet acte manquera, les tiers pourront être induits en erreur en contractant avec l'aîné de la famille, tandis qu'un autre aurait l'administration de la communauté. Les circonstances de fait peuvent seules guider le juge dans ce dernier cas. On consultera la notoriété publique; et, si un des communs, autre que l'aîné, était généralement connu pour être le chef de la communauté, le créancier serait en faute d'avoir contracté avec l'aîné. Il n'est pas possible de donner sur ce point une règle fixe et invariable, les faits varient à l'infini et la question pourra être diversement résolue.

Le chef de la communauté a un pouvoir d'administration générale, que nous pourrions assimiler au pouvoir du tuteur, ou mieux encore au pouvoir du mari sur les biens particuliers de sa femme, sous les divers régimes de la communauté. Il doit, dans les actes de son administration, être guidé par l'intérêt de la communauté, agir en vue de cet intérêt et se conduire, en un mot, comme un bon père de famille. Il n'a que le droit d'administrer et non de disposer, si ce n'est dans certains cas exceptionnels. Il est obligé de subvenir, avec les revenus des biens communs, aux besoins de tous ceux qui font partie de la communauté, de leurs femmes ou de leurs veuves; il doit se comporter comme si tous les membres de la famille, à quelque degré de parenté qu'ils soient, étaient ses enfants.

Le pouvoir d'administrer les biens de la communauté ne confère pas au chef le droit d'aliéner les immeubles patrimoniaux; il ne peut le faire qu'en cas de nécessité absolue, pour accomplir certains devoirs religieux imposés à tous les membres de la communauté, ou pour certains actes de charité. En dehors de ces cas spéciaux, il ne peut faire d'aliénation qu'avec le consentemet exprès ou tacite de ses communs en biens. Le consentement exprès résultera, soit d'un acte sous seing privé ou authentique dressé à cet effet, soit du concours des communs à la vente ou à la donation. Le consentement sera présumé, toutes les fois que les communs ayant pu former opposition à l'acte d'aliénation ou exercer l'action en nullité et en rescision qui leur compète, ont négligé de recourir à l'un ou à l'autre de ces moyens d'intervention. Il pourra se présumer lorsqu'il sera établi que les communs avaient abandonné au chef de leur communauté le droit de disposer à son gré des immeubles, Ce droit s'induira des actes d'aliénation antérieurs, ratifiés ou non attaqués par les communs en biens, et des circonstances diverses de la cause. Il est évident que les communs pourraient, par une entente frauduleuse, troubler des acquéreurs légitimes. Celui qui voudra acquérir un immeuble, agira prudemment, en exigeant le concours à l'acte de tous les intéressés ou un consentement spécial de leur part à l'aliénation, ou, enfin, une ratification postérieure; ou bien encore l'acheteur pourrait faire insérer, dans l'acte, que la vente est faite pour subvenir à des besoins pressants de la communauté, tels que réparations urgentes, œuvres de charité indispensables, achat de vivres, vêtements, etc. Dans ces cas ou d'autres semblables; il ne serait pas obligé de prouver la légitimité de son titre d'acquisition ; il attendrait que les communs en biens prouvassent que la cause de la vente est fausse et simulée.

Dans tous les cas, lorsque la vente, par exemple, serait annulée à l'égard des communs, qui n'y auraient pas donné leur consentement, elle serait valable à l'égard de ceux qui l'auraient consentie et jusqu'à concurrence de leur part et portion. L'acheteur aurait un droit indivis dans l'immeuble, dont il pourrait provoquer la licitation. Celui qui se rendrait acquéreur de l'immeuble, sur la licitation, ne devrait en payer le prix qu'au chef de la communauté, au prorata des parts afférentes aux communs non consentants à la vente, et en présence de ces derniers.

Le payement qu'il ferait d'une autre manière ne serait pas valable, puisque le chef de la communauté a seul qualité pour la représenter, et recevoir ce qui lui est dû. Il est clair que la somme, ainsi remise dans la communauté, devrait être employée en achat d'immeubles, et que les communs qui ont consenti à la vente, n'auraient aucun droit dans ces acquêts, qui resteraient propres aux autres communs. Ce serait là, en un mot, un partage partiel de la communauté, à l'égard de quelques-uns de ses membres. Si l'aliénation était avantageuse à la communauté, et que des communs y refusassent leur consentement, le chef pourrait les assigner devant le Tribunal en chambre du conseil, pour voir déduire les causes de leur refus, ou provoquer le partage de la communauté.

Lorsqu'il y aura des mineurs dans la communauté, le chef ne pourra, même dans les cas où il en a le droit, aliéner un immeuble dépendant de la communauté, sans avoir obtenu l'autorisation du conseil de famille, et après homologation par le Tribunal. Le tuteur ou le subrogé tuteur devront veiller à l'emploi du prix. Il en sera de même, lorsqu'il y aura, dans la communauté, un interdit par suite de démence ou de condamnation a des peines afflictives et infamantes.

Il est encore un cas dans lequel l'aliénation, quoique faite sans le consentement des communs, serait valable; c'est lorsqu'elle serait faite pour acquitter des dettes de l'auteur commun, du père ou de l'aïeul paternel. Le chef de la communauté a agi en bon père de famille en vendant des immeubles pour libérer la communauté: s'il ne l'eut pas fait, le créancier aurait pu le poursuivre en justice, occasionner des frais, et arriver, en définitive, à l'expropriation forcée de ces mêmes immeubles. (Arrêt Pondichéry 10 décembre 1863.)

Le chef de la communauté peut donner à bail ou à ferme les immeubles de la communauté. Les baux qu'il consentirait ne seraient opposables aux autres communs, par application de l'article 1429 du Code Napoléon, que pour un délai de neuf ans. S'ils étaient consentis pour un délai plus long et que la communauté vînt à être dissoute pendant la durée du bail, les communs en biens ne seraient tenus d'exécuter ce bail, que pour le temps qui resterait à courir, soit de la première, soit de la seconde période de neuf ans.

Peut-il hypothéquer les immeubles de la communauté? La solution de cette question dépend du pouvoir qu'il a d'obliger la communauté. Ce pouvoir n'est pas absolu et illimité: la limite est dans l'intérêt qu'a la communauté à l'obligation. Elle ne sera tenue des dettes contractées par le chef, qu'autant que ces dettes ont pour cause des aliments à fournir aux communs, des œuvres de piété, des réparations urgentes à faire, ou tous actes ou faits qui l'intéressent. En dehors de ces limites, le chef n'oblige pas la communauté; la dette qu'il contracte lui est personnelle et n'est recouvrable que contre lui. Si l'acte d'obligation ne spécifie pas la cause de la dette, il y aura présomption qu'elle a été contractée dans l'intéret général de la communauté, sauf aux autres communs à prouver le contraire. Cette preuve leur sera souvent difficile à fournir; et, dans l'incertitude, les Tribunaux devront s'attacher à la présomption de droit que la dette a été contractée dans l'intérêt de la communauté. Autrement, la situation du créancier deviendrait périlleuse; le crédit recevrait une atteinte considérable par suite des entraves qui seraient apportées au recouvrement des créances. En partant de ces données, on droit reconnaître que le chef a le pouvoir d'hypothéquer les immeubles de la communauté. On peut, il est vrai, objecter que l'hypothèque conduit à l'aliénation et que le chef ne peut aliéner sans le consentement exprès ou tacite de ses communs en biens. Mais cette objection n'est pas sérieuse : le chef de la communauté a le pouvoir incontestable de l'obliger dans certains cas; il peut être poursuivi en justice pour le payement de la dette, et condamné. Le créancier aura la faculté de prendre une hypothèque judiciaire, en vertu du jugement qu'il aura obtenu, hypothèque qui grèvera tous les immeubles de la communauté. Pourquoi interdire alors au chef de la communauté le droit de faire directement un acte auquel il pourra être contraint avec plus de frais? Nous déciderions également qu'il peut donner en antichrèse des immeubles de la communauté. (C. Co. 5 mai 1835).

Quid? des donations : l'article 1422 interdit au mari, administrateur de la communauté, le pouvoir de faire des donations entre-vifs d'immeubles de la communauté. Cet article peut servir de règle dans le droit indou, en ce qui concerne la prohibition de donner. Le chef de la communauté aura le droit de faire des donations de bijoux, d'habillements, etc., aux filles des communs, à l'époque de leur mariage : il acquittera ainsi une des dettes les plus importantes de la communauté.

Comme conséquence de son pouvoir d'administration, le chef de la communauté exercera, soit en demandant, soit en défendant, toutes les actions mobilières ou immobilières, au nom de la communauté. S'il avait intenté, par exemple, une demande en revendication ou qu'il eût été assigné, et qu'il vînt à succomber dans l'instance, il devrait, avant d'acquiescer au jugement ou de transiger, se munir de l'autorisation écrite de ses communs en biens; la prudence lui conseille de suivre cette voie. Il pourrait même être responsable des condamnations par défaut prononcées contre lui, en sa qualité de chef de la communauté et devenues définitives, si les autres communs prouvaient qu'il y avait des moyens péremptoires de contester la demande. (Argument de l'art. 1640).

Le chef de la communauté est-il comptable de ses actes? Évidemment. Les communs en biens peuvent, au moment du partage, demander au chef de la communauté, encore existant, compte de sa gestion. Doit-on comprendre dans les comptes qui devront être rendus lors du partage, ceux qu'auraient dû rendre les chefs précédents ? Nous ne le pensons pas : les descendants de ces chefs décédés ne seraient pas responsables des actes de l'administration de leurs auteurs. L'obligation de rendre compte prend fin à la mort du chef, et n'incombe à ses héritiers qu'autant que le partage est demandé immédiatement par les autres communs. Il dépendait, en effet, des communs mécontents de la gestion de leur chef, de provoquer le partage ou de se réunir et de pourvoir au remplacement de l'administrateur négligent ou infidèle.

Afin d'éviter toute contestation au moment du partage, et d'accélérer la liquidation de la communauté, le chef ferait bien de dresser des inventaires annuels de situation, de tous les biens de la communauté, de désigner quels sont les immeubles et les meubles propres à chacun des communs, de faire signer cet inventaire par tous les intéressés, et de le déposer en l'étude du tabellion, pour lui donner date certaine à l'égard des tiers. Il y aurait sécurité pour tous: le créancier, au moment du contrat, se ferait représenter cet inventaire, et traiterait avec sûreté. Par ce moyen, de nombreux procès toujours ruineux pour les familles, seraient évités, et la liquidation des communautés deviendrait plus simple et plus facile. Les Indiens sont si imprévoyants sur leurs intérêts à venir, que nous doutons qu'ils suivent jamais ce conseil.

Nous reconnaîtrions au chef de la communauté le droit de disposer, à titre onéreux, et à titre gratuit, au profit des filles ou des femmes des communs, des meubles de la communauté. Ils est impossible que la loi ait voulu exiger le consentement de tous les communs, lorsqu'il s'agira d'aliéner des meubles d'un usage quotidien. Lorsqu'il voudra aliéner des universalités de meubles, ou des meubles de grande valeur, tels que bijoux, il devra, pour mettre sa responsabilité à couvert, consulter ses communs. Il a la disposition absolue et sans contrôle des revenus de la communauté, qu'ils soient fruits naturels ou civils.

Il peut arriver que des communs, autres que le chef, obligent la communauté par leurs actes. Ainsi, par exemple, des communs en biens sont éloignés du siége de la communauté, ou bien encore, le chef de la communauté est absent, malade, ou autrement empêché, et il devient nécessaire de subvenir à des besoins urgents de quelques-uns des membres de la communauté. Dans ces cas et d'autres analogues, l'un des communs emprunte de l'argent pour subvenir à ces besoins pressants: le commun, qui a contracté, a fait ce que le chef aurait fait lui-même ; il a agi comme *negotiorum gestor,* dans un intérêt général, et il oblige la communauté.

Une dette contractée par un commun n'est pas recouvrable contre les autres membres de la communauté, à moins que le créancier n'établisse qu'ils l'ont reconnue ou qu'elle a été contractée dans l'intérêt général. (S. D. A. Cal. 5 mars 1858).

Le chef a seul, en principe, le pouvoir d'obliger la communauté et d'en exercer les actions. Cependant lorsque des communs agissent en justice sous une qualité qui engage la communauté, avec le consentement exprès ou tacite du chef, la communauté est obligée; s'il en était autrement, la loi indoue couvrirait de sa protection les actes consentis par des personnes capables de s'obliger et qui auraient laissé ignorer aux tiers un défaut de qualité connu d'eux seuls. Le chef qui, étant présent, laisse agir un des communs dans l'intérêt de la communauté, donne un consentement tacite aux actes de ce commun et ne peut revenir contre les actes qu'il a contractés. (Arrêt Pondichéry, 17 décembre 1867).

Il est superflu d'observer que la communauté n'est jamais tenue des obligations résultant des délits ou quasi-délits, commis par le chef ou l'un de ses membres. Nous verrons le parti que devrait prendre le créancier, dans ce cas, lorsque nous traiterons du payement des dettes de la communauté et de l'action des créanciers.

La Cour impériale de Pondichéry a jugé que le chef de la communauté est seul tenu de prêter le serment décisoire qui est déféré aux communs. (Arrêt du 25 avril 1853).

Tous les biens d'une communauté indoue répondent des dettes contractées par le chef; ils ne peuvent être légalement partagés, qu'après que les créanciers ont été désintéressés, à moins que ceux-ci ne donnent leur consentement formel au partage.

Le partage d'une communauté étant, en général, un acte sans publicité, ne peut affecter les intérêts de ceux qui n'y ont pas été appelés. (Arrêt du 25 juillet 1843).

Le créancier de la communauté a le droit de poursuivre et de saisir comme son gage les biens communs entre les mains d'un membre de la communauté quel qu'il soit. (Arrêt du 26 septembre 1843).

§ 2. DES BIENS PARTICULIERS DES COMMUNS.

Les personnes vivant en communauté peuvent acquérir et posséder des biens particuliers, qui leur restent propres, dont ils ont la libre disposition, et qui n'entreront pas dans la masse commune au moment du partage. En principe, pour que ces biens aient le caractère de propres, il faut qu'ils aient été acquis sans l'emploi du fonds commun ; qu'ils soient un produit du talent et de l'industrie particulière de celui qui fait l'acquisition. C'est au juge à examiner, en cas de contestation, soit de la part des communs, soit de la part des tiers, si la communauté a contribué à l'acquisition d'une manière prochaine ou éloignée ; c'est un point abandonné à son appréciation, et qui sera résolu selon les circonstances de la cause. Les causes qui produisent des propres sont: le commerce, l'exercice d'une industrie, d'un art, d'une profession militaire ou civile, etc. (Arrêts Pondichéry 22 juin 1861, 27 mai 1862). On peut recourir à ce que nous avons déjà dit, en traitant du Stridhana des femmes et des pécules; ce sont les mêmes principes et les mêmes résultats. La donation pure et simple est aussi une cause qui engendre un propre; la donation réciproque n'aurait pas cet effet. Ainsi, le chef de la communauté reçoit en donation tel immeuble, à charge de donner un autre immeuble dépendant de la communauté: l'immeuble donné appartiendra à la communauté comme remploi de celui que le chef a lui-même donné.

Le gain obtenu dans une loterie n'entre pas en communauté et fait partie des biens particuliers du gagnant. (C. Co. 21 février 1828). Il faudrait ajouter : pourvu que le billet n'ait pas été payé avec les deniers de la communauté.

L'un des communs peut acquérir un immeuble qui a appartenu autrefois à la communauté; cet immeuble recouvré reste-t-il propre à celui qui l'a acquis ou rentre-t-il dans la communauté ? Les deux opinions sont professées dans le droit indou : les uns déclarent que l'immeuble appartient en toute propriété à celui qui l'a recouvré (Colebrooke, *Dig.*, page 101); d'autres, au contraire, professent que l'immeuble rentre dans la communauté avec récompense d'un quart de sa valeur pour l'acquéreur. (Voy.

à l'appui de cette dernière opinion, le *Mitachsara* et *Sancha, Dig.* III, page 365). Quelle que soit, du reste, l'opinion que l'on adopte, il est indispensable, pour que l'immeuble soit propre à celui qui l'a acquis, que les deniers de la communauté n'aient pas été employés directement ou indirectement à l'acquisition. Si l'on suivait la doctrine du *Mitachsara*, la communauté, nous le pensons, devrait rembourser à l'acquéreur, lors du partage, ce qu'il a dépensé, sauf ensuite à lui donner un quart à titre de récompense.

La communauté a peut-être fait des dépenses pour apprendre un métier ou une profession libérale à l'un des communs. Les profits que ce commun ferait par la suite, en exerçant sa profession, appartiendraient-ils à la communauté, ou constitueraient-ils un propre? Nous croyons que les gains, les profits que le commun tirerait du métier ou de la profession qu'il a appris, aux dépens de la communauté, lui resteraient propres, sauf le rapport qu'il pourrait être tenu de faire, lors du partage, des sommes qui ont été employées à son éducation ou à son apprentissage (Nareda).

Le commun qui prétend que certains biens constituent son pécule doit prouver qu'ils ont été acquis à l'aide de son industrie particulière et sans l'emploi des fonds communs. (S. D. A. Cal. 18 avril 1857. H. C. Mad. 1866, 1867. *Madras jurist.*, pp. 158 et 335. Arrêt Pondichéry, 28 mars 1868).

Lorsque plusieurs frères vivent en communauté, si l'un d'eux acquiert des biens à l'aide des fonds communs, ces biens sont le patrimoine de tous. Si les fonds communs n'ont été employés que dans une faible proportion, l'acquéreur aura droit à deux parts et ses frères à une part. (S. D. A. Cal. 30 octobre 1794, 5 septembre 1803, 17 juin 1805 et 9 mars 1807).

Pour nous résumer sur ce point, nous dirons que

toutes les acquisitions faites par l'un des communs, avec l'emploi des deniers de la communauté, font partie de cette communauté, et devront être compris dans la masse à partager. Un tel état de choses peut favoriser l'ignorance ou la paresse, car il sera rare de voir des communs apporter dans les acquisitions qu'ils feront la même somme d'intelligence ou de travail. Il dépendra toujours des communs laborieux et intelligents de le faire cesser, en provoquant le partage. Toutes les fois que le chef de la communauté fait une acquisition, il devra mentionner, dans l'acte, si elle est faite en remploi d'un immeuble de la communauté, où à l'aide de ses deniers particuliers. Quel que soit, du reste, le commun qui acquière, il devrait faire insérer, dans l'acte, que l'acquisition est faite de ses deniers personnels, et sans l'emploi des deniers de la communauté. Il est évident que les communs qui n'auront pas concouru à l'acte, pourront contester la véracité des déclarations qui y sont insérées.

Les deux grandes écoles de jurisprudence indoue sont divisées sur la question de savoir si un commun peut aliéner sa part indivise dans la communauté ou dans les biens patrimoniaux. Au Bengale, il est admis que les communs ont le pouvoir d'aliéner, soit à titre onéreux, soit à titre gratuit, leur part indivise; que l'aliénation est valable jusqu'à concurrence de leur part et réductible dans ces limites. C'est un point de doctrine nettement établi. (S. D. C. Cal. 29 septembre 1791, 29 août 1801, 4 décembre 1805.)

Le principe contraire prévaut dans l'école de Bénarès. Le commun ne peut, sans le consentement des autres, aliéner à titre gratuit ou onéreux sa part indivise; l'aliénation qu'il ferait serait frappée d'une nullité radicale. (*Mitachsara*, ch. 1, sect. 1, §§ 8, 28, 29, 30; Strange, t. II, pp. 419 et suivants. Arrêts de la Cour de Pondichéry du 26 mars 1844, 14 décembre

1852, 3 juin et 22 novembre 1862, 4 août 1868; C. Co. 3 mars 1828).

La nullité de l'aliénation peut-elle être opposée par celui qui l'a consentie, ou bien ne peut-elle être exercée que par les autres communs. Leur intérêt est évident, car ils ont un droit de survie dans tous les biens de la communauté. La Cour de Madras a décidé que l'aliénation à titre onéreux était valable jusqu'à concurrence de la part du commun; que celui qui avait consenti l'aliénation ne pouvait en demander la nullité; que les autres communs avaient seuls ce droit, si l'aliénation lésait leurs intérêts. (Grady, pp. 137 et 382). Cette doctrine est plus pratique et plus favorable aux transactions que celle de la Cour de Pondichéry. Nous pensons que la Cour de Madras a fait une confusion entre les principes appliqués au Bengale et ceux suivis dans l'école de Bénarès. Ce que nous disons des aliénations s'appliquerait au gage, à l'hypothèque, à l'antichrèse.

§ 3. DES CHARGES DE LA COMMUNAUTÉ.

Les charges de la communauté sont au nombre de trois : 1° fournir des aliments aux communs, à leurs femmes, à leurs enfants, à leurs veuves; 2° pourvoir aux dépenses de l'initiation et du mariage; 3° faire les frais funéraires.

L'obligation de fournir des aliments n'est pas restreinte, comme dans notre droit, aux degrés de parenté les plus rapprochés. Quelque éloignés que soient les communs les uns des autres, sous le rapport de la parenté, ils n'en ont pas moins un droit égal à être nourris et entretenus aux frais de la communauté. Si elle cesse, le droit qu'ont les communs d'obtenir des aliments sur la masse commune, s'évanouit, sauf quelques exceptions: chacun des communs prend sa part dans la communauté, et perd le droit de demander à ses co-partageants des aliments. Ce droit n'est pas fondé sur une obligation personnelle et légale imposée aux communs: la dette d'aliments est une charge de la communauté. Les communs n'ont d'action que contre la communauté, représentée par le chef, et leur droit à des aliments s'éteint dès qu'ils ont reçu leur part dans le patrimoine commun. Nous reconnaîtrions, cependant, que l'obligation de se fournir des aliments continue à subsister, même après le partage de la communauté, entre parents et alliés en ligne directe, par application des articles 205, 206 et 207 C. N. Les aliments doivent, autant que possible, être fournis en nature et au domicile de la communauté; ce n'est que dans des cas rares qu'une pension en argent peut être demandée et obtenue, par exemple, si la mésintelligence se glisse dans la famille et rend impossible la vie commune. Dans ce cas, les personnes qui n'auraient pas le droit de provoquer le partage de la communauté, obtiendront des Tribunaux une pension alimentaire en argent.

Les femmes des communs, les veuves, les filles jusqu'à leur mariage, ont droit à des aliments sur le fonds commun. Les filles sortent de leur famille par le mariage, et acquièrent, dans celle de leur mari, un droit semblable à celui qu'elles ont perdu dans leur famille naturelle. Si le mari était dans l'impossibilité de pourvoir à l'entretien de sa femme, elle conserverait contre son père l'action en pension alimentaire qui lui est donnée par les articles 205 et 207. Elle ne pourrait, toutefois, exercer cette action contre son père, qu'autant qu'elle établirait que son mari et la communauté dont il fait partie sont incapables de lui fournir des aliments et de l'entretenir selon son rang.

La communauté est pareillement tenue de faire les dépenses des cérémonies d'initiation, dont nous avons parlé au chapitre de l'adoption; de pourvoir aux frais du mariage des communs en biens; de fournir aux filles, lors de leur mariage, des bijoux, vêtements, selon les usages de la caste. Elle paye, en outre, les frais funéraires des membres de la communauté, et toutes les dépenses qu'occasionnent les cérémonies religieuses envers les mânes des ancêtres, ou les œuvres de charité qui sont faites, dans certaines circonstances, au nom de toute la famille.

Les sœurs doivent être mariées aux frais de la communauté. Lorsque la communauté vient à être dissoute avant la célébration de leur mariage, les copartageants doivent réserver une certaine somme pour subvenir à ces dépenses et à l'acquittement de cette obligation légale. S'ils ne prennent pas cette précaution, les sœurs auraient une action pour les contraindre à l'exécution de leurs devoirs. Dans quelles limites la législation indoue, a-t-elle fixé les droits des sœurs non mariées? Yajnavalkya dit que chacun des frères doit consacrer au mariage de ses sœurs un quart de sa part. Le *Smriti-Chandrica* contient le même principe dans le passage suivant: « Que les frères donnent à chacune de leurs sœurs non mariées du vivant de leur père, une portion égale à celle qui doit leur échoir pour servir à les marier. » (P. 181).

Comment doit se faire le calcul de ce quart? Doit-on prélever sur la part de chacun des frères un quart ou doit-on compter les sœurs chacune comme un fils et leur accorder le quart de la portion qu'elles auraient eue si elles fussent venues à la succession comme enfant mâle? Dans la première hypothèse, il arrivera souvent que la part des filles sera, en définitive, plus élevée que celle des fils. Exemple: A meurt laissant quatre fils et une fille et une succession estimée à 16,000 francs; la part de chacun des fils sera de 4,000 francs. En prélevant comme l'indique la loi le quart sur chaque portion, celle de la fille sera composée de 4,000 francs tandis que celle des fils ne sera en définitive que de 3,000. Dans la seconde hypothèse, chaque fille étant comptée comme un fils, le partage, dans l'exemple cité, s'opérera de la manière suivante: 3,200 francs étant la part d'un fils, la fille prendra le quart de cette somme, soit 800 francs pour ses frais de mariage. Cette manière de calculer, la part afférente aux sœurs a été adoptée par la Cour dans son arrêt du 3 décembre 1867. Elle peut être critiquée parce qu'elle s'écarte du texte précis des lois indoues et qu'elle alloue aux sœurs une part qui, dans certains cas, sera insuffisante. Mais elle obvie aux inconvénients que nous avons signalés en établissant plus d'égalité dans les partages. L'opinion de la Cour s'appuie sur le passage suivant de Macnaghten (*Principles of Hindu law*, p. 54).

« On attribue aux filles non mariées une part des biens suffisante pour la célébration de leur mariage. Cette part est déterminée au quart de celle d'un frère: ainsi, en supposant qu'il y ait un fils et une fille, la succession est divisée en deux parts et l'une de ces parts en quatre autres parts; la fille prendra un de ces quarts soit un huitième de la succession. S'il y a deux fils et une fille, la succession est divisée en trois parts : l'une de ces parts est divisée en quatre et la sœur prend un de ces quarts, soit un douzième du total; s'il y a un fils et deux filles, la succession est divisée par tiers et chacun de ces tiers en quarts, les sœurs prenant chacune un quart ou un douzième.»

Cette opinion d'un des plus éminents jurisconsultes qui ont écrit sur le droit indou, doit être d'une grande autorité pour la solution de la question. (Arrêt de la Cour de Pondichéry du 12 mai 1868. Strange, t. I, 232, t. II, 301, 361, 385.).

§ 4. DU PARTAGE.

Toutes les personnes qui composent la famille vivant en communauté, n'ont pas le droit de provoquer le partage. Ce droit n'est accordé qu'à ceux qui sont considérés comme héritiers : ainsi, ne sont pas compris dans cette classe les filles et les veuves, dont les maris ont laissé des descendants mâles. Elles n'ont droit qu'à des aliments ; mais, si la loi leur refuse le droit de provoquer le partage, elles ont celui d'y intervenir, afin de sauvegarder leurs intérêts. Le droit d'être héritier est corrélatif au devoir d'offrir aux mânes du décédé, le gâteau funèbre : c'est la base de la législation indoue sur la vocation à l'hérédité, et et nous aurons occasion d'y revenir, en traitant des successions.

Le partage peut intervenir entre les communs quand même il n'y a pas de biens à partager. Il aura, dans ce cas, l'effet de dissoudre la communauté.

Le partage ne s'opère pas toujours après le décès du chef de la famille. Les descendants mâles, communs entre eux, ont le droit de le provoquer, même du vivant de leur mère. Cette doctrine est généralement reçue dans l'Inde, excepté au Bengale, où le partage ne peut être demandé qu'après le décès du père et de la mère. Il est admis, dans cette province, que le partage opéré durant la vie de la mère n'est pas nul ; la loi n'attache à cette prohibition qu'une sanction morale, et ne l'a imposée que comme un devoir de piété filiale. Lorsque le père et la mère sont morts, les fils peuvent ou procéder au partage des biens ou vivre en communauté.

La communauté n'a pas de durée limitée. Tous les communs ont un droit égal à en demander la dissolution et à réclamer leur part des biens communs. Ceux qui veulent rester en communauté peuvent donner à celui qui provoque le partage, la part qui lui revient et le désintéresser ; la communauté continuera à subsister entre eux, ou plutôt une communauté nouvelle prendra naissance. Ce partage partiel formera une preuve de la dissolution de la communauté originaire, si les communs, qui veulent rester dans l'indivision, n'ont pas la précaution d'indiquer qu'il n'est intervenu que pour donner à l'un deux sa part héréditaire.

La loi indoue n'a donc pas fixé l'époque du partage, la durée de l'état d'indivision; elle s'en est rapportée à la discrétion des individus vivant en communauté. C'est donc à eux qu'il appartient de choisir le moment opportun pour le partage; ils ont la faculté de vivre en communauté aussi longtemps qu'ils le jugent convenable, et des générations peuvent même se succéder l'une à l'autre, avant qu'un partage intervienne. Il arrivera même, comme nous le verrons plus bas, que plusieurs communautés particulières seront formées dans la communauté primitive : la liquidation générale sera longue et difficile. Une législation pareille n'offre aux tiers ni avantage, ni sécurité: s'ils prennent une hypothèque, s'ils font un achat d'immeuble sans avoir obtenu le consentement de tous les communs, ou si leur créance n'a pas pour cause un de ces faits exceptionnels que nous avons énumérés, leurs droits périclitent et peuvent même s'évanouir.

Cette incertitude jetée dans le crédit foncier, ces inconvénients résultant de la législation indoue sur les communautés, frappèrent l'attention du Gouvernement local. En 1838, il apporta une modification importante au droit indou en cette matière, ou plutôt il introduisit une innovation heureuse, qui, si elle eût été suivie dans la pratique, eût prévenu bien des procès. Nous ignorons pour quels motifs cet arrêté n'a pas été suivi par les Indiens, et appliqué par les Tribunaux; si, dès sa promulgation, les Tribunaux eussent admis le principe, les Indiens s'y seraient conformés, et ne seraient plus exposés à tomber dans les piéges d'une législation dont tout le monde s'accorde à reconnaître et les vices et l'insuffisance. Cet arrêté existe et n'a été ni rapporté, ni abrogé, et les Tribunaux peuvent encore l'appliquer (1). Cependant, si on l'appliquait à des communautés dissoutes depuis sa promulgation, il en résulterait certainement une grande perturbation dans les fortunes, et des procès nombreux surgiraient aussitôt. En effet, combien de personnes ont continué à vivre dans l'indivision, en état de communauté, et dont la communauté a été dissoute par l'effet de la loi ? Il deviendrait presque impossible d'opérer la liquidation des communautés dont la dissolution remonte à dix ou douze ans. En l'état actuel des choses, cet arrêté, utile dans le principe, est devenu un danger pour les Indiens, par sa non application.

A qui doit-on imputer une pareille situation ? A ceux qui, en 1838, chargés d'appliquer la loi, ont négligé de le faire ; à ceux qui, chargés de veiller à l'exécution des lois, ont permis à la jurisprudence de remplacer, et même d'abroger la loi. Le Gouvernement d'alors avait établi une loi utile et sage, mais il a manqué d'énergie pour la faire exécuter. Afin qu'il n'y ait aucune surprise, que les fortunes particulières ne soient pas troublées, le Gouvernement pourrait ou reviser cet arrêté ou le promulguer à nouveau. Il dispose ce qui suit :

« Art. 1er. La communauté de biens existant entre parents se dissout par la mort naturelle ou civile de l'un des communs en biens.

« Elle ne pourra être rétablie que par un acte spécial, passé par le tabellion ou déposé chez lui ; dans ce dernier cas, l'acte n'aura d'effet, que du jour où il aura acquis date certaine par ce dépôt.

---

(1) Cet arrêté n'a pas été approuvé par le Ministre.

« Il en sera de même de toutes personnes voulant se constituer en état de communauté. »

Ainsi, toute incertitude cessait sur l'époque de la dissolution de la communauté : elle avait lieu par le décès d'un des communs en biens, et le partage devait alors s'opérer. Nous aurions préféré que la loi fixât l'époque de cette dissolution à la mort du chef de la communauté ; c'est à ce moment que tous les communs auront à se consulter pour décider s'ils confieront l'administration de la communauté à un autre qu'au plus âgé : leur attention est éveillée par un évènement qui les intéresse tous au même degré. L'arrêté aurait pu exiger que les communs en biens, après le décès de l'un d'eux, procédassent à un inventaire fidèle et exact de tous les biens communs, indiquant les droits des veuves, et que cet inventaire eût une date certaine à l'égard des tiers. Ce qu'il est important de connaître, c'est moins la date de la dissolution de la communauté, que sa composition, que l'énumération de tous les biens qu'elle possède, le nom du chef, les noms et domiciles de tous les communs. Tout acte, qui contiendra ces renseignements, préviendra les difficultés qui naissent de cet état de communauté, assurera les droits des tiers, en même temps qu'il régularisera la situation des communs entre eux. La législation pourrait être revisée, sans porter atteinte aux usages des Indiens : tout en maintenant le principe de la loi de 1838, on exigerait, pour les communautés existantes, les justifications que nous avons indiquées.

Le législateur de 1838 n'a pas fait attention à un évènement qui arrive à la dissolution des communautés dans le droit indou. Une communauté est dissoute, d'autres communautés prennent aussitôt naissance par le seul effet de la loi. Expliquons-nous par un exemple : *Primus*, *Secundus* et *Tertius* sont trois frères vivant en communauté. Ils ont chacun trois enfants mâles. *Primus* vient à mourir : dans le système de l'arrêté de 1838, la communauté d'entre lui et ses deux frères est dissoute, et le partage s'opère entre les frères survivants et ses trois fils qui prennent la part de leur père par représentation. Il se forme aussitôt une communauté nouvelle entre les trois fils de *Primus*, communauté qui ne sera dissoute qu'à la mort de l'un d'eux. Il eût fallu, pour empêcher ce résultat, dire, dans l'arrêté que la communauté originaire étant dissoute, le partage aurait lieu, par tête, entre tous les membres d'une même souche. On se retrouve donc en présence de tous les inconvénients que l'arrêté a voulu prévenir. En créant un nouveau mode de dissolution de la communauté, l'arrêté n'a fait qu'ajouter une présomption de séparation, à toutes celles qui sont établies dans le droit indou, et n'a apporté qu'un remède insuffisant aux maux qui naissent de l'état de communauté.

Le mode de procéder au partage varie selon que les communs en biens sont tous majeurs, ou qu'il y a parmi eux des mineurs. S'ils sont tous majeurs, et qu'ils soient d'accord, ils peuvent procéder au partage des biens de la communauté, à l'amiable et par acte sous seing-privé. Toutes les règles tracées par le Code Napoléon, sur la vente des meubles, la division des immeubles, le partage en nature ou en moins prenant, leur sont applicables. Tout commun en biens a le droit d'exiger sa part en nature dans les meubles et les immeubles ; la vente ne doit en être faite qu'en cas d'impossibilité de partage en nature.

Lorsqu'il y a des mineurs, ou que les communs majeurs ne sont pas d'accord sur le mode de procéder au partage, ou qu'il y a des absents, le partage se fait en justice. On suivra alors les règles qui sont tracées par le Code de procédure et le Code Napoléon, auxquels on peut recourir.

Les dettes sont payées d'abord sur la masse de la communauté : on prélève les sommes présumées nécessaires pour pourvoir au mariage des filles des communs en biens non co-partageants, et qui auraient été mariées aux frais de la communauté. On procède ensuite au partage des biens qui restent après ces prélèvements et au payement des dettes.

Le partage, tant des meubles que des immeubles, s'opère également entre tous les communs en biens. La liquidation de la communauté peut présenter, dans la plupart des cas, des difficultés presque insurmontables. Nous avons fait pressentir que, dans la communauté originaire, remontant à la mort de l'auteur de tous les communs, plusieurs communautés particulières avaient pu se former. Ainsi, par exemple, *Primus* meurt laissant trois fils, *Secundus*, *Tertius* et *Quartus*, qui consentent à vivre en communauté et n'opèrent pas le partage des biens patrimoniaux; ces biens composent leur communauté. Chacun de ces communs peut, ainsi que nous l'avons vu, acquérir des biens particuliers; supposons donc que *Secundus* meure laissant deux fils, *Quintus* et *Sextus*; il a acquis de son vivant des biens par son industrie, ou par des donations qui lui ont été faites. Ces biens n'appartiennent pas à la communauté originaire ou ne lui appartiennent qu'en partie : quelle que soit l'opinion que l'on suive à ce sujet, il y aura toujours une portion des biens qui n'entrera pas dans la communauté. Ces biens seront recueillis par les fils de *Secundus* et deviendront pour eux des biens patrimoniaux; de là une communauté nouvelle entre eux. Cet enchevêtrement de droits jette une grande incertitude dans les transactions, entrave le crédit et paralyse l'action des créanciers; les communs eux-mêmes peuvent souffrir de cet état d'indivision indéfinie. Ainsi il peut se former autant de communautés différentes dans une même ligne, qu'il y aura de souches. La communauté primitive, de ligne, étant dissoute, les autres continuent à subsister, et il sera nécessaire d'opérer autant de partages qu'il y aura de souches ayant des biens particuliers à chacune d'elles. La législation indoue, on le voit, recherche l'origine des biens pour en régler la dévolution. Nous aurons à voir une application remarquable de cette règle, en traitant des successions aux biens particuliers des femmes. L'étude de l'ancien droit français, sur les propres et les acquêts, peut répandre de la lumière sur quelques points de la législation indoue. Il ne sera pas hors d'à-propos et d'utilité de consulter les traités écrits par les jurisconsultes français sur ces matières.

Quelques auteurs indous indiquent un mode de procéder au partage par les femmes. C'est une espèce de partage par souche, contraire à l'égalité qui doit régner entre tous les partageants. Un individu meurt laissant trois veuves : de la première il a un fils; de la seconde il en a trois, et de la troisième il en a quatre. Le partage peut s'opérer par les veuves, c'est-à-dire que la succession se divisera par tiers, bien que les femmes ne soient pas héritières. Ce mode de partage, connu sous le nom de *Puttra-Bhaga*, ne paraît avoir été suivi que dans la classe des Soudras. Nous n'en parlons que pour mémoire et incidemment : ce sujet trouverait sa place au titre des Successions. Il est possible que ce mode de division soit encore en usage dans certaines castes. Lorsque le juge aura à statuer sur des procès survenus dans des partages de ce genre, il devra se décider d'après la coutume; si elle est douteuse et incertaine, il se rattachera à la règle générale, qui veut le partage par têtes et par portions égales.

Si la femme de l'un des communs décédés est enceinte au moment du partage, la part afférente à son mari sera mise en réserve en cas de naissance d'un fils posthume. Si elle met au monde une fille, la part réservée sera partagée entre tous les autres communs, sous déduction des dépenses présumées du mariage de cette enfant. Les communs en biens pourront contester la légitimité de l'enfant né trois cents jours après le décès du mari de sa mère (art. 315). Les fils, petits-fils d'un commun prédécédé, arrivent par représentation et partagent, par souche, la part dans les biens communs afférente à leur auteur.

Le partage est fait également : on n'oblige pas le commun en biens qui aurait une famille nombreuse à tenir compte, à la masse, de l'excédant de dépenses que sa famille aurait occasionnées à la communauté. Il en est de même des dépenses faites pour les cérémonies du mariage ou d'initiation : ce sont des charges de la masse commune, non imputables sur la part de l'un des partageants, au profit duquel ces dépenses ont tourné. Si un des membres de la communauté a employé à son profit une partie de l'actif commun, l'a dissipé, il devra rapporter à la masse, au moment du partage, tout ce qu'il aura indûment dépensé, ou les co-partageants pourront retenir, sur sa part, tout ce qu'il devra à la communauté. Lorsque les dépenses qu'il aurait faites excéderont sa portion héréditaire, il devra être contraint au remboursement sur ses biens particuliers. Dans toutes les circonstances où il sera possible de procéder ainsi, les copartageants devront suivre ce mode qui concilie et leurs droits et les intérêts des tiers. Il est inutile d'annuler les dispositions à titres onéreux ou gratuit que le commun aurait faites des biens de la communauté, lorsqu'il est facile de désintéresser tous les communs. Nous ne serions d'avis de prononcer la nullité, qu'autant qu'il n'y aurait que ce seul moyen de réintégrer les communs dans les biens patrimoniaux, follement dissipés par l'un d'eux. Cette annulation sera faite en commençant par l'aliénation la plus récente, et ainsi de suite, en remontant des dernières aux plus anciennes (argument de l'article 923). On s'arrêtera lorsque la part héréditaire de chacun des communs, eu égard à la valeur totale des biens, sera complétée. Dans bien des circonstances, il sera difficile de savoir quel était l'actif de la communauté au moment des aliénations faites par l'un des communs. Pour se renseigner à ce sujet, on consultera les divers registres terriers, les papiers domestiques, les inventaires qui auraient été faits, et, au besoin, on pourrait recourir à la preuve testimoniale.

Nous avons vu quelles étaient les charges de la communauté pendant sa durée. Plusieurs de ces charges grèvent encore le fonds commun, après la dissolution de la communauté. Les veuves ne perdent pas leurs droits à obtenir des aliments sur la masse par l'effet du partage; les co-partageants doivent pourvoir à leurs aliments, soit par le placement d'un capital suffisant, soit en affectant à cette destination un des immeubles de la communauté. Les veuves n'ont que l'usufruit de ces biens; c'est là une doctrine établie par la coutume, qui a passé dans les usages et les mœurs, contrairement aux lois anciennes plus libérales envers les veuves. Dans la législation primitive, elles prenaient dans la communauté la place de leur mari décédé et jouissaient des mêmes droits que lui. Le Stridhana de la femme doit-il être compté pour la fixation de sa provision alimentaire? L'affirmative est décidée généralement. Quelques auteurs établissent une distinction entre les biens qui produisent des revenus et ceux qui n'en produisent pas. Les premiers, dans leur opinion, entrent seuls en ligne de compte pour la fixation de la pension. D'autres auteurs, au contraire, professent que tous les biens particuliers de la femme, de quelque nature qu'ils soient, devront être comptés. La doctrine des premiers jurisconsultes nous paraît plus rationnelle, et mieux remplir le vœu de la loi, et nous l'adopterions dans la pratique. Le quantum de cette pension alimentaire est abandonné à la discrétion et à la générosité des co-partageants ; la loi en fixe le maximum à une part d'enfant. Cependant, si, dans un partage, une veuve d'un des communs était lésée, elle aurait le droit de se plaindre devant les Tribunaux et d'y faire déterminer, d'une manière plus équitable, le taux de sa pension alimentaire. Elle n'y a droit qu'autant qu'elle vit dans la continence ; si elle se conduit mal, elle perd ses droits en partie, et les intéressés peuvent demander la réduction de la pension primitivement fixée, au chiffre strictement nécessaire pour subvenir aux premiers besoins de la vie. Tels sont, en résumé, les droits des veuves des communs sur les biens de la communauté.

Les ascendantes veuves ont aussi droit à des aliments ; ce droit, tant des veuves des communs que de leurs ascendantes, subsiste quand même elles auraient été prodigues et auraient dissipé le capital fixé pour leur pension alimentaire. Dans ce cas, elles obtiendraient des aliments de leurs descendants, des ascendants de leur mari défunt, et, à leur défaut, de leurs propres ascendants : nous appliquerions les dispositions du Code Napoléon sur la dette alimentaire (art. 205, 206 et 207). La décision serait la même si le capital fixé pour la pension alimentaire avait été absorbé par une faillite, ou si les immeubles affectés à cette pension avaient été dégradés ou avaient péri par suite d'un cas fortuit (argument de l'art. 2131). Il est essentiel de ne pas perdre de vue ce point important, que les veuves n'ont droit à des aliments que dans le domicile des proches parents de leur mari, chargés de surveiller leur conduite et de contrôler leurs actions. Les aliments sont dûs en nature ; les veuves ne peuvent réclamer une pension en argent que dans des cas rares, par exemple, si elles sont maltraitées par les parents de leur mari et si la vie en commun est devenue insupportable. Les Tribunaux seront appréciateurs souverains de ces faits.

Ont-elles le droit d'obtenir des aliments de leurs parents collatéraux, tels que frères, neveux, cousins, vivant en communauté, lorsque les parents de leur mari sont dans l'impossibilité de les fournir? Il nous semble que la communauté à la charge de laquelle elles étaient avant leur mariage, n'en est tenue que d'une manière subsidiaire. Si cette communauté a été dissoute depuis leur mariage, les ex-communs ne doivent des aliments qu'autant qu'ils sont parents de la veuve dans les degrés indiqués aux articles 205 et suivants du Code. Tant que cette communauté subsistera, la veuve peut être repoussée par une fin de non recevoir, si elle ne prouve pas, au préalable, que la communauté dont son mari était membre est dans l'impossibilité de lui fournir des aliments.

La veuve, qui sans motifs, se refuserait à résider dans la famille de son mari conserverait-elle ses droits à des aliments, aurait-elle une action pour les obtenir? Il a été décidé que la veuve d'un fils qui quitte le domicile de son beau-père, sans raison, n'a pas d'action contre ce dernier pour obtenir une pension alimentaire: que, dans ce cas, l'obligation de lui fournir des aliments est toute morale et n'ouvre aucune action. (H. C. Cal. 31 mars 1868, *Madras Jurist*. 1868 p. 303). Cette décision a été rendue après partage entre les membres de la Cour. Les droits de la veuve d'un fils à des aliments tirent leur origine de principes différents de ceux qui régissent les droits qu'une femme a à l'égard de son mari et une veuve à l'égard des héritiers de son mari. Le père n'est pas l'héritier de son fils par préférence à la veuve; celle-ci n'a aucun droit dans la succession de son beau-père et lors du partage, elle n'a pas comme une fille une part dans ces biens, même dans ceux qui sont patrimoniaux. Il en serait autrement si le beau-père avait des biens provenant des ancêtres. Dans cette opinion, la dette d'aliments serait une charge des biens patrimoniaux et ne serait due qu'aux personnes qui auraient un droit quelconque sur ces biens. D'autres s'appuient pour établir l'opinion contraire, qui nous paraît plus rationnelle sur les autorités suivantes, qui établissent les droits à des aliments. (Colebrooke, *Dig.* liv. V; *Daya Bhaya*, sect. 23; p. 29, Th. Str. t. I, p. 99 *Daya Crama*, sect. 2). La déchéance du droit à des aliments n'est encourue que par une conduite déréglée et non pour d'autres causes. Cette question est longuement discutée dans l'arrêt de la Haute Cour.

Le Comité consultatif de jurisprudence indoue a décidé, dans sa séance du 12 décembre 1833, que d'après l'usage suivi à Pondichéry, une veuve qui n'a pas de fils est libre de se choisir pour demeure, soit la maison des parents de son mari, soit celle de ses propres parents.

Cet usage doit être favorisé, car il donne aux veuves une faculté qui assure leur repos.

Des aliments sont dûs à la concubine et à ses enfants. Si un Indien achète une femme et l'entretient dans son domicile, il doit lui fournir la nourriture et les vêtements ainsi qu'à ses enfants. Après sa mort, son père, ses frères sont tenus des mêmes obligations envers elle, si elle est chaste. (C. Co, 5 mai 1833).

Les filles non mariées, avons-nous dit, ont droit à des aliments jusqu'au moment de leur mariage; elles sont mariées aux frais de la communauté. Leur droit est, au maximum, fixé au quart de la part d'un des co-partageants. Il est bien entendu que les filles d'un des co-partageants ou qui sont dans une souche co-portageante, perdent leur droit à une pension alimentaire sur la masse, lors de la dissolution de la communauté. L'obligation de les nourrir et de parer aux frais de leur établissement par mariage incombe à leur famille naturelle, après la séparation. Ainsi, *Primus*, *Secundus* et *Tertius* vivent en communauté; leurs filles, durant l'existence de la communauté, sont nourries et mariées aux frais de la masse. Après le partage, leurs pères, séparés de biens, seront tenus de cette obligation, qui était auparavant une charge de leur communauté. Si des communs étaient morts avant le partage, sans postérité mâle, leurs veuves et leurs filles peuvent exiger de la communauté, lors du partage, une provision suffisante pour leurs aliments et les frais de mariage. Pour continuer notre espèce, *Quartus* est décédé durant l'existence de la communauté et a laissé une veuve et deux filles; les communs survivants ne pourront faire le partage à leur préjudice, et elles ont le droit d'y intervenir.

Ceux qui sont exclus du partage comme incapables d'être héritiers, ont aussi droit à des aliments sur la masse de la communauté dont ils sont membres. Il en est de même de ceux qui sont dégradés ou exclus de la caste; le droit de ces derniers est moins étendu que celui des incapables, et est borné aux choses strictement nécessaires à l'existence.

Si des communs en biens procédaient au partage au mépris des droits des incapables, des veuves, des filles, le partage pourrait être attaqué de nullité à leur requête, et rescindé. Ils ne sont pas seulement créanciers de la communauté, ou des co-partageants après sa dissolution; ils ont un droit dans les biens, droit limité, mais frappant toute la masse à partager. Ces personnes pourraient donc, même à l'égard des tiers, faire rentrer dans la masse originaire tous les biens partagés, et provoquer un nouveau partage, dans lequel elles seraient comprises. S'il était possible de satisfaire ces ayants-droit, en chargeant l'un des co-partageants de fournir les provisions alimentaires, nul doute que ce mode ne dût être suivi. Les incapables, les veuves, les filles, auraient le droit d'exiger de lui, ou qu'il fournît caution, ou qu'il consentît une hypothèque sur ses immeubles, pour assurer le payement de leur pension. Le partage ne serait annulé, qu'autant qu'il serait impossible de les satisfaire par un autre moyen.

Les tiers qui auraient acquis des immeubles provenant de la communauté dissoute, pourraient, afin d'éviter la rescision de leur titre, offrir aux veuves ou aux incapables, d'acquitter la pension alimentaire; ils auraient une action récursoire contre tous les co-partageants pour le remboursement des sommes qu'ils auraient payées. Les tiers devraient même suivre cette forme de procéder, toutes les fois que leur auteur serait insolvable. Si, au contraire, les autres co-partageants étaient insolvables, ils devraient laisser prononcer la résolution de leur titre, pour exercer un recours en garantie contre leur auteur solvable.

On a élevé, à l'égard des veuves, la question de savoir si elles sont propriétaires ou seulement usufruitières des immeubles qui leur sont donnés pour leur tenir lieu d'aliments: nous avons vu qu'elles n'ont droit qu'à des aliments, et qu'il est facultatif aux co-partageants de les leur fournir en nature, ou par une attribution de part. Ce mode d'assurer la pension de la femme est fréquemment employé dans l'Inde: les communs fixent une certaine quantité d'immeubles dont les revenus sont affectés à l'entretien de la veuve: dans ce cas, est-elle propriétaire de ces biens? Peut-elle les aliéner? En règle générale, les aliénations qu'elle ferait n'auraient effet que durant son existence. (H. C. Madras, 3 août 1868). Les droits de la veuve sont en effet viagers; il pourrait se faire que les communs lui abandonnassent, à titre de propriété, les immeubles.

L'attribution qui est faite dans un acte de partage d'une pension alimentaire à des femmes qui y ont droit, oblige non seulement les co-partageants, mais aussi leurs héritiers. (B. D. A. Cal. 1er juillet 1858).

A la mort d'une veuve qui avait une pension alimentaire, ses héritiers ont le droit de poursuivre le recouvrement des arrérages dûs au moment du décès (S. D. A. Cal. 8 décembre 1858).

Tous les biens, meubles et immeubles de la communauté sont susceptibles de partage. Certains offices, tels que ceux que remplissent les Brahmes calendriers, ou ceux qui sont desservants des pagodes ou préposés à la garde des chaudries, sont partageables. Ces offices sont héréditaires; ils sont, dans le commerce, aliénables comme toutes les choses susceptibles de produire des revenus. Il serait utile, dans l'intérêt général, qu'un seul des co-partageants fût chargé de l'office. Le capital en serait déterminé par le calcul approximatif des produits, et il serait compris dans le lot d'un des co-partageants (voy. Colebrooke, Strange, t. II, pp. 302 et 303). Si l'office était d'une valeur supérieure à la part que le commun devrait avoir, il serait vendu, à moins que le co-partageant, dans le lot duquel il serait compris ne consentît à être chargé d'une soulte.

La Cour de Pondichéry, par arrêt du 29 décembre 1860, a décidé que les fonctions de gourou sont personnelles et ne se transmettent pas par hérédité. Elle a suivi la jurisprudence de la Cour de Calcutta longuement développée dans l'arrêt du 13 mars 1859. Il est utile de citer les opinions émises par les juges.

M. Trévor, président. « Les prêtres officiants d'après l'art. 43, sect. 2, chap. 3, liv. II, du *Digeste* de Colebrooke, se divisent en trois classes: 1° prêtres héréditaires, c'est-à-dire qui ont été choisis par les ancêtres pour accomplir les cérémonies religieuses, et qui ont transmis leurs fonctions et leurs droits à leurs descendants; 2° prêtres choisis par un particulier pour un temps déterminé ou pour une cérémonie; 3° prêtres qui officient par affection pour celui qui les emploie. Celui qui renvoie sans motifs les prêtres des deux premières classes ou qui n'a pas recours à leurs ministères, commet un péché qu'il doit expier; mais la loi lui reconnaissant le droit de choisir ces prêtres, de désigner son guide spirituel, il en résulte qu'il a le pouvoir de les renvoyer.

«Les prêtres héréditaires peuvent-ils réclamer une partie des honoraires payés au prêtre qui aura accompli les cérémonies religieuses? Il est établi d'une manière évidente que ces fonctions sont transmissibles par voie d'hérédité et tous les honoraires perçus par l'un des héritiers appartiennent à tous et tombent dans leur communauté. Mais si la personne qui a employé le ministère d'un de ces prêtres héréditaires, a voulu payer les honoraires à *l'individu*, c'est-à-dire le récompenser d'un travail personnel, sans considération pour les autres membres de la communauté, ceux-ci n'ont aucun droit à prétendre dans ces honoraires, qui restent biens particuliers, du cécébrant. Ce droit héréditaire est donc, en définitive, subordonné à la volonté de celui qui emploie le prêtre.»

Opinion de M. Samuells. — «Il n'est pas douteux que certains offices de prêtres sont transmissibles par hérédité. La Cour a reconnu cet usage et a même obligé les particuliers à recourir au ministère de leurs prêtres héréditaires. Si cette jurisprudence était maintenue, elle aurait pour effet de ranger, parmi les droits incorporels, transmissibles aux héritiers, ces offices de prêtres, et d'accorder une action à ceux qui en seraient investis. Après un examen plus attentif, la Cour, par arrêt de 1852, a reconnu et admis que les religionnaires avaient le droit de choisir le prêtre qui leur convenait, à l'exclusion du prêtre héréditaire, et que celui-ci n'avait aucune action, soit contre le particulier qui n'avait pas eu recours à son ministère, soit contre celui qui avait célébré les cérémonies, en payement d'une partie des honoraires. En effet, les honoraires des prêtres sont non seulement une récompense donnée par les religionnaires, mais aussi le salaire d'un travail accompli : or, aucun des biens provenant de l'une de ces sources n'entrent en communauté, et ne sont sujets à partage. Le *Daha-Bhaya* déclare partageables et entrant en communauté: 1° les choses appartenant aux ancêtres; 2° ce qui a été acquis par le travail commun; 3° ce qui a été acquis avec l'emploi des biens de la communauté. Au contraire, tout ce qui est le produit d'un travail, d'une industrie particulière, n'entre pas en communauté. Le législateur, parmi les exemples qu'il donne, cite les honoraires payés à un prêtre. La seule action qu'un prêtre puisse avoir contre un particulier, pour ses honoraires, est donc l'action de louage de service. Si les honoraires forment des biens particuliers, l'office ne peut être transmissible par hérédité. »

En résumé, la doctrine de la Cour de Calcutta est que les offices de gourou ne peuvent être considérés comme héréditaires, en ce sens qu'ils ouvrent un droit aux héritiers, soit à l'égard des tiers, soit entre eux.

Les fonctions de brahmes chargés de la célébration des cérémonies diverses dans une aldée peuvent faire l'objet d'une convention. Le titulaire de l'office a la faculté de déléguer ses attributions moyennant une part dans les bénéfices. (Arrêt Pondichéry 1865.)

Les établissements religieux, les fondations pieuses en immeubles, ne sont pas susceptibles de division;

les communs à qui ils appartiennent, ne peuvent en changer la destination, ni les morceler: ils restent indivis et affectés à l'usage auquel ils ont été consacrés par le chef de la famille; les communs, lors du partage, en règlent l'administration. (Arrêt Pondichéry 18 juillet 1868, S. D. A. Cal. 15 avril 1867.) Nous avons vu que ces fondations pieuses, non autorisées par le Gouvernement, ne produisent aucun effet à l'égard des créanciers de la communauté: ils peuvent faire vendre ces immeubles pour se faire payer de ce qui leur est dû.

Les Jaghires sont indivisibles. On donne ce nom à des concessions faites par le Gouvernement d'une certaine quantité de terres, de villages à un fonctionnaire public à titre de salaires ou de récompense. Le jagirdhar ou concessionnaire est substitué à l'État pour la perception des revenus, mais il n'a pas le droit de propriété.

Caricanom, Carkanom. Ce sont des terres possédées à titre précaire. Un individu obtient d'un propriétaire une concession de terrain sous un fermage convenu: il verse entre les mains de ce propriétaire une certaine somme d'argent dont les intérêts se compensent avec les revenus de l'immeuble et qui sert de garantie. A l'expiration du bail le fermier a droit à une indemnité pour les plantations et améliorations qu'il a faites à l'immeuble. Si, au contraire, il a commis des dégradations, le propriétaire en retient le montant sur la somme déposée entre ses mains. Les conventions de cette nature sont en usage à Karikal. La jouissance seule de ces immeubles est partageable.

§ 5. DU PAYEMENT DES DETTES DE LA COMMUNAUTÉ.

Les co-partageants sont tenus des dettes de la communauté légalement contractées par le chef, dans la limite de ses pouvoirs; ils sont tenus des dettes contractées par un des communs, autre que le chef, dans certains cas exceptionnels que nous avons indiqués. Il faut distinguer, sur cette action, la contribution aux dettes de la poursuite des créanciers.

Les communs sont obligés au payement des dettes de la communauté, en proportion de leur part héréditaire, *pro parte hereditariâ*. Les dettes se divisent de plein droit entre tous les communs au moment de la dissolution de la communauté. Cette règle générale admet des exceptions, aux cas d'une dette garantie par une hypothèque, ou d'une dette indivisible. Dans le premier cas, le détenteur de l'immeuble hypothéqué, peut être assigné, *actione hypothecariâ* en payement de la totalité de la dette, sauf son recours contre ses communs. Le créancier a le droit d'exercer son action personnelle contre chacun des membres de la communauté, et d'obtenir contre eux une condamnation au prorata de leur part et *pro diviso*. Le commun poursuivi, *actione hypothecariâ*, peut se décharger du payement de la dette, et éviter des poursuites, en offrant de délaisser les immeubles hypothéqués et échus à son lot. En cas d'indivisibilité de la dette, chacun des communs est obligé au payement de la totalité, encore que la dette ne fût pas garantie par une hypothèque. Il en est encore de même lorsque la dette est d'un corps certain, qui ne peut être livré en partie, ou qu'un des communs est seul chargé par le titre de l'obligation du payement de la dette.

Hors ces cas exceptionnels, les communs ne peuvent être poursuivis en payement que pour leur part héréditaire dans la dette; s'ils sont dix, le créancier sera dans la nécessité de les poursuivre tous les dix isolément, ou par une seule et même instance, et l'insolvabilité de l'un ne rejaillira pas sur les autres. Telle est la régle générale établie dans notre droit et déjà en vigueur avant le Code Napoléon. Quelques coutumes, cependant, comme l'atteste Pothier, déclaraient que les héritiers, étaient tenus solidairement des dettes du défunt; la Cour de Paris, dans ses observations sur le Code, avait demandé, dans l'intérêt du commerce et pour faciliter les transactions, que les héritiers fussent tenus solidairement, sauf leurs recours les uns contre les autres.

Les principes de notre droit sur la divisibilité des dettes sont-ils applicables, dans toute leur étendue, aux communautés indoues? Il est incontestable que les dettes hypothécaires, indivisibles, d'un corps certain, ou celles que l'un des co-partageants serait chargé de payer, ne sont pas susceptibles de division; la difficulté n'existe que pour les dettes ordinaires. Il ne faut pas oublier que la communauté est tenue seulement des dettes contractées par le chef dans l'intérêt commun et dans les cas que nous avons énumérés: or, ces dettes ont eu pour but l'intérêt général des communs, qui sont censés avoir contracté par l'entremise du chef de leur communauté. S'ils avaient eu tous le pouvoir d'obliger la communauté, qu'ils eussent figuré à l'acte d'obligation, ils ne seraient tenus du payement que *pro diviso*, à moins de stipulation de solidarité. Pourquoi la dissolution de la communauté amènerait-elle une aggravation dans leur situation? La solidarité ne se présume pas; et nul texte indou ne l'établit. Dans notre droit, les dettes contractées par le mari, administrateur de la communauté légale, se divisent de plein droit, lors de la dissolution, entre lui et sa femme, sauf le droit de renonciation accordé à celle-ci. La communauté indoue peut, à certains égards, être assimilée à la communauté légale entre époux, et traitée d'après les mêmes règles. Quelque inconvénient qui puisse en résulter pour le créancier, nous croyons qu'il est imprudent de se départir du principe de la divisibilité des dettes. Le créancier a pu éviter ce résultat en contractant avec le chef; il aurait pu exiger le concours de tous les communs et les lier solidairement au payement de la dette. S'il ne l'a pas fait et qu'il craigne la confusion des biens de la communauté avec les biens des communs en particulier, il peut demander la séparation des patrimoines, en vertu de l'art. 878, et se faire payer sur les biens de la communauté à l'exclusion des créanciers personnels de chacun des communs. Là est le remède à la fraude, que peuvent commettre les co-partageants, en négligeant d'acquitter au préalable les dettes de la communauté.

Il arrive fréquemment, en effet, que des communs en biens opèrent le partage de la communauté par acte sous-seing privé, à l'insu de leurs créanciers, et omettent de comprendre les dettes dans la liquidation. Les créanciers éprouvent alors les plus grands embarras pour se faire payer; les communs font passer tous les biens sur la tête d'un seul, et les mettent ainsi à l'abri de l'action d'un créancier qui n'a pas d'hypothèque. Cette manœuvre frauduleuse n'échappera pas à l'œil vigilant des magistrats : de semblables partages seront annulables, sur l'action des créanciers, comme faits en fraude de leurs droits, et ils pourront demander la séparation des patrimoines. La fraude est d'autant plus facile, que les créanciers ne sont pas avertis, par un fait extérieur, du partage qui intervient entre les communs. Il serait bon que le législateur imposât aux communs en biens, qui veulent se séparer, l'obligation de rendre publique leur intention, soit par des affiches aux greffes des Tribunaux, par des placards apposés dans les diverses cacheries des districts, afin que les créanciers eussent la possibilité d'intervenir au partage.

A défaut de toute disposition législative, les Tribunaux feront bien d'accueillir facilement toutes les demandes en nullité de partage, introduites par les créanciers, toutes les fois que les formalités prescrites par la loi, n'auront pas été rigoureusement observées, et qu'il leur apparaîtra que le passif n'est pas entré dans la liquidation. Les Tribunaux ont jugé, dans des espèces où la fraude était évidente, où quelques-uns des communs en biens étaient domiciliés sur le territoire étranger, et hors de la poursuite des créanciers, que les communs étaient tenus solidairement des dettes contractées par le chef. Nous croyons que cette doctrine est contraire à la loi : on arrivera, d'ailleurs, au même résultat, en annulant l'acte de partage. Les parties, après l'annulation, seront remises au même état qu'elles étaient avant le partage, et les créanciers pourront poursuivre le chef de la communauté et se faire payer sur les biens communs. La doctrine, qui admet la solidarité, aurait de graves inconvénients : il pourrait, en effet, dépendre du chef d'une communauté dissoute, d'obliger les communs en biens séparés de lui, en souscrivant des obligations sous-seing privé, dont la date serait reportée à une époque antérieure au partage. L'action en nullité du partage opéré, ou la séparation des patrimoines, sauvegardent les droits des créanciers et assurent le recouvrement de leurs créances.

Les co-partageants sont-ils tenus, sur leurs biens personnels, des dettes de la communauté, en cas d'insuffisance de l'actif commun ? Ils en sont tenus pour leur part héréditaire, de la même manière que l'héritier pur et simple est tenu, dans notre droit, des dettes du défunt; il y a même, dans le droit indou, un motif plus puissant de décision : c'est que ces dettes ont été contractées dans l'intérêt de tous les communs et qu'ils en ont profité. Nous pensons même que les communs en biens ne pourraient renoncer à la communauté : car ils sont censés avoir contracté eux-mêmes la dette par l'entremise de leur chef, et ils sont personnellement obligés. Nareda déclare que les communs en biens sont tenus de payer la totalité de la dette, comme des associés dans une société commerciale. La division des dettes s'opère entre les communs; mais nous pensons que chacun d'eux serait tenu, *ultrà-vires*, de sa part dant la dette (*Dig.*, t. I, page 28).

La communauté peut-elle être poursuivie pour des dettes résultant des délits ou des quasi-délits du chef, ou de l'un des communs ? Non; mais les créanciers pour les dommages-intérêts, et l'État pour l'amende, peuvent provoquer le partage des biens de la communauté, et se faire payer sur la part de leur débiteur. Ce droit appartient à tout créancier, en vertu de l'art. 1166 du Code Napoléon.

L'assimilation que nous établissons entre certaines règles de la communauté française avec la communauté indoue, n'est pas applicable aux biens possédés par les femmes. Les biens qu'elles possèdent ont toujours un caractère dotal (arrêt du 9 décembre 1843).

Ces courtes explications suffiront à déterminer le point de contact qui existe entre le droit indou et le droit français. Les règles établies par notre Code sur cette matière sont applicables en entier, sauf quelques modifications que nous avons établies. La communauté est une source de procès nombreux et difficiles à juger; toute innovation législative, qui tiendra à la simplifier, sera utile non seulement aux habitants, mais encore à ceux qui sont chargés d'appliquer les lois.

§ 6. DE LA RESCISION EN MATIÈRE DE PARTAGE.

Outre l'action en nullité qui compète aux veuves, aux filles des communs, aux créanciers, les partages peuvent être attaqués par les co-partageants eux-mêmes. L'action en rescision n'est admise que dans les cas de dol, de violence et de lésion de plus du quart. L'action en rescision pour cause de dol n'est recevable qu'autant que celui qui l'intente a éprouvé une lésion quelconque; s'il n'en a pas éprouvé, l'action qu'il intente n'a ni intérêt, ni but.

Lorsque l'action en rescision est accueillie, les biens partagés rentrent dans l'indivision; chacun des co-partageants est tenu de rapporter tous les biens qui étaient entrés dans son lot, et l'on procède à un nouveau partage. L'action en rescision a-t-elle effet à l'égard des tiers, qui auraient acquis des immeubles de l'un des co-partageants, ou qui auraient une hypothèque conventionnelle ou judiciaire sur ces mêmes immeubles? L'affirmative ne paraît pas douteuse en présence des termes des articles 1183 et 2125 du Code Napoléon. (Voy., pour plus de détails, sur cette question, le *Traité des Successions* de M. Chabot de l'Allier). Il suffit, au reste, pour terminer ce que nous avons à dire sur ce sujet, d'ajouter que toutes les dispositions des articles 887 et suivants sont applicables aux partages entre Indiens.

Les co-partageants sont garants, les uns envers les autres, des objets compris dans leurs lots et des évictions qu'ils éprouvent; ils conservent même un privilége, en se conformant à l'art. 2109. (Voy. les art. 883 à 887).

§ 7. DES PREUVES DU PARTAGE.

La preuve d'un partage résulte, soit d'un acte authentique, soit d'un acte sous-seing privé. Les actes authentiques seuls sont opposables aux tiers; les actes sous signature privée ne peuvent leur être opposés, mais ils ont le droit de les invoquer pour établir que toute relation de communauté a cessé entre les parties à l'acte. Les actes de partage sous-seing privé sont souvent produits en justice à l'occasion des incidents qui sont soulevés par le saisi, ou des tiers, sur les poursuites de saisie immobilière. Le saisi suscite un tiers qui, par connivence avec lui, demande la distraction des immeubles saisis, parce qu'ils sont échus à son lot d'après partage, et qu'il en est seul propriétaire, ou il demande le sursis à la vente, prétendant que l'immeuble est indivis. Dans le premier cas, il invoque la dissolution de la communauté, et offre, comme preuve de cette dissolution, un acte de partage, sous-seing privé, transcrit à la conservation des hypothèques, antérieurement à la saisie. Ces actes frauduleux sont, d'ordinaire, l'œuvre de procureurs, qui dirigent les plaideurs dans tous ces procès, et auxquels un faux ne coûte rien. Les Tribunaux font bonne justice de ces actes faits pour le besoin de la cause; les parties en sont les victimes, car la transcription donne un effet définitif à l'acte. En règle générale, toutes les fois que le titre de créance est antérieur à la transcription, l'acte de partage n'est pas opposable au saisissant.

Dans le second cas, le saisi invoque l'existence de la communauté, pour obtenir un sursis, et le créancier poursuivant doit prouver qu'elle est dissoute. S'il ne fournit pas cette preuve, les Tribunaux doivent, conformément à l'article 2205 du Code Napoléon, ordonner le sursis à la vente, jusqu'à ce que le partage des biens indivis ait été opéré. Les Tribunaux, cependant, afin d'éviter aux parties les frais d'un partage partiel, pourraient, sans inconvénient, ordonner la continuation des poursuites, si l'immeuble saisi est impartageable en nature, et attribuer le prix, *per capita*, à tous les communs. Le jugement produirait l'effet d'un partage partiel, et éviterait aux plaideurs les lenteurs et les frais d'une demande en partage. L'exiguïté des fortunes immobilières, dans nos possessions, nous semble réclamer ce tempérament à l'art. 2205.

Afin de couper court à toutes ces fraudes et à ces

incertitudes, le législateur devrait ordonner que les actes authentiques de partage seront, seuls, admis à faire preuve en justice; que l'authenticité serait donnée aux actes, ou par l'enregistrement, la transcription au bureau des hypothèques, ou la comparution des parties devant le notaire; que l'acte n'aurait effet à l'égard des tiers, que du jour où il aurait acquis date certaine.

La législation indoue considère, comme des présomptions d'un partage antérieur, les faits et actes suivants :

1° La séparation d'habitation et de nourriture de la part des communs;

2° L'accomplissement séparé, individuel, de cérémonies religieuses, qui doivent être faites par le chef de la famille;

3° Les contrats incompatibles avec l'idée d'une communauté, tels que prêts de consomption intervenus entre les communs en biens, cautionnement, vente, louage, ou tout autre contrat créant, entre les communs, des relations de créancier et de débiteur. Nous en excepterions les causes d'obligation naissant des délits et des quasi-délits.

Yajnavalkya. «Les frères, le mari et la femme, le père et le fils ne peuvent être cautions ni débiteurs les uns des autres, si ce n'est lorsqu'ils sont séparés de biens.»

(Arrêt Pondichéry, 18 juillet 1868).

4° Les dons réciproques;

5° Les acquisitions séparées.

Ces présomptions n'ont pas toutes la même force pour établir qu'il y a eu dissolution de communauté. Des acquisitions séparées ne prouvent pas toujours cette dissolution : nous avons vu, en effet, que les communs en biens peuvent acquérir, par leur industrie, des biens particuliers, sans, pour cela, sortir de communauté. La présomption la plus puissante est la séparation d'habitation. Lorsque les membres de la famille préparent leurs repas séparément, habitent des maisons distinctes, font des provisions de grains et autres denrées pour eux et leur famille, et non pour d'autres, tous ces faits établissent une forte présomption que la communauté est dissoute. La séparation trentenaire est généralement admise, comme constituant une preuve du partage.

Une autre présomption, également puissante, est celle que nous avons indiquée sous le n° 3 ci-dessus; les communs en biens ne peuvent devenir débiteurs ou créanciers les uns des autres. Cette doctrine paraît absolue; elle est, du moins, indiquée par Strange, comme ne comportant aucune exception. Nous ferons remarquer, néanmoins, que les communs en biens ayant la faculté d'acquérir des biens particuliers, peuvent, à l'occasion de ces biens, faire des contrats de vente, d'hypothèque, contracter des dettes, etc. Leur interdira-t-on de devenir créanciers et débiteurs les uns des autres, pour ces biens? Pourquoi défendre à un commun d'emprunter de son proche parent vivant en communauté avec lui, qui lui fera des conditions moins onéreuses qu'un étranger, et qui possède comme lui des biens particuliers? Il nous semble que, pour ses biens particuliers, il doit être considéré comme un père de famille, et que sa qualité de commun disparaît. La présomption de la loi n'aurait, selon nous, son effet, qu'autant que les communs qui ont contracté n'avaient, ni l'un ni l'autre, des biens particuliers, ou que l'un des contractants seul en possédait. Nous présentons cette opinion avec la plus grande réserve. Du reste, lorsque des contestations s'élèveront au sujet de la preuve des partages, le juge se décidera d'après les circonstances de fait. Il serait bon de restreindre le nombre de ces présomptions légales, et de ne reconnaître qu'aux actes authentiques le pouvoir de faire preuve de la dissolution des communautés.

L'arrêté du 29 novembre 1838 a fixé une époque certaine de dissolution de la communauté. Les Tribunaux devraient appliquer, sans restriction, cet arrêté, toutes les fois qu'il est invoqué, et même d'office. Les communs, dont les communautés ont été dissoutes depuis 1838, ont pu hypothéquer, pour leur part, les biens de la communauté après sa dissolution, les aliéner, constituer des servitudes, faire des baux : ces contrats ne sont pas nuls, et le chef de la communauté qui aurait continué de fait, ne peût les arguer de nullité. La communauté a pu continuer de fait, c'est-à-dire, que les communs survivants ont vécu dans l'indivision : cet état d'indivision, qui peut se prolonger aussi longtemps que les parties le veulent, diffère de la communauté.

Chacune des personnes vivant dans l'indivision, peut aliéner et hypothéquer sa part indivise, tandis que, durant la communauté, elle n'aurait pu le faire. Ainsi donc, en reconnaissant la dissolution de la communauté par l'effet de la mort, les Tribunaux régleront les droits des parties comme si elles étaient demeurées dans l'indivision (art. 815) : les droits des tiers sont ainsi sauvegardés.

Lorsque des communs, après le partage opéré, assignent l'un d'eux en supplément de partage d'un immeuble qu'ils prétendent avoir fait partie de la communauté, ils doivent fournir la preuve de leur allégation. (S. D, A. Cal. 11 décembre 1856.)

La communauté peut être rétablie après sa dissolution. Ceux qui se réunissent en communauté, doivent dresser un acte de leur réunion, indiquant clairement le quantum et la nature des biens meubles et immeubles qu'ils remettent en communauté. Nous repousserions la preuve testimoniale pour établir le fait de réunion : les parties ont pu se procurer une preuve par écrit, et elles sont en faute de ne l'avoir pas exigée. L'acte sous signature privée ne serait pas opposable aux tiers, tant qu'il n'aurait pas acquis date certaine, et ne serait valable entre les contractants qu'autant qu'il aurait été fait en autant d'originaux qu'il y a de parties ayant un intérêt distinct (art. 1325).

Bien des difficultés, qui naissent à l'occasion des partages, peuvent être prévenues par l'expérience et l'intelligence des tabellions. Ils doivent éclairer les co-partageants sur leurs droits respectifs, s'attacher à ce qu'il ne se glisse aucune omission dans l'actif et le passif, exiger que toutes les parties soient présentes, définir nettement les droits de chacun. La plupart des actes de partage, qui ont passé sous nos yeux, sont incomplets, irréguliers et obscurs. Les tabellions doivent redoubler de vigilance pour donner à leurs actes de la clarté et de la précision; ils préviendront ainsi de nombreuses contestations, et, si elles viennent à naître, le juge n'aura pas, du moins, à deviner des énigmes.

Arrêté du 29 novembre 1838.

« Art. 1er. La communauté de biens existant entre parents, se dissout par la mort naturelle ou civile de l'un des communs en biens.

« Elle ne pourra être rétablie que par un acte spécial, passé par le tabellion, ou déposé chez lui; dans ce dernier cas, l'acte n'aura d'effet que du jour où il aura acquis date certaine par ce dépôt.

« Il en sera de même de toutes personnes voulant se constituer en état de communauté.

« Art. 2. L'acte de communauté devra, à peine de nullité, contenir inventaire exact et détaillé des sommes et valeurs mises en communauté.

« Art. 3. Aucune preuve, de quelque nature qu'elle soit, ne pourra suppléer à cet acte pour prouver l'existence de la communauté; l'acte seul fera foi en justice.

« Art. 4. A la mort d'un Indien, ses héritiers auront un délai de deux mois pour faire inventaire et délibérer; à l'expiration de ce terme, ils auront encore la faculté de faire l'acte de communauté; seulement alors, les créanciers pourront exercer leurs droits contre la succession, et forcer les héritiers à prendre qualité.

« Art. 5. A défaut de stipulation contraire, les acquêts particuliers n'entreront point en communauté.

« Art. 6. Tout co-héritier, qui, sans avoir été déclaré commun en biens par un acte, se sera, néanmoins, immiscé dans les biens de la succession, pourra être poursuivi comme détenteur et forcé de restituer jusque sur ses biens personnels, sans que jamais ce fait puisse le constituer en état de communauté.

« La preuve des valeurs soustraites pourra être faite, sur inventaire, par commune renommée.

« Art. 7. Tout payement, toute remise de fonds, faits à un individu ne justifiant pas de sa position de commun en biens, comme il est dit aux articles 1, 2 et 3, seront considérés comme nuls, à moins qu'ils ne puissent être imputés à la personne qui a reçu, sur ses droits, comme co-héritier pur et simple. »

CHAPITRE IV.

Des Successions.

Il n'y a, dans le droit indou, ouverture à une succession, qu'autant que la personne décédée n'était pas en communauté. Si elle était en communauté, à l'époque de son décès, la part qu'elle avait dans les biens reste dans la communauté, et passe à ceux qui seraient appelés à sa succession, en ligne directe, par droit de survivance, si l'on peut employer cette expression, plutôt que par droit d'hérédité. Le partage seul attribue aux communs en biens la propriété des biens patrimoniaux ; la mort de l'un d'eux ne change pas la situation des autres. Si celui qui meurt laisse des fils, ils viennent prendre la place de leur père, jouissent des mêmes droits indivis et sont soumis aux mêmes charges. Ainsi, on ne succède pas à un commun en biens, à moins, qu'il n'ait acquis des biens par son industrie ou son travail, et qui lui sont demeurés propres ; on ne succède qu'à une personne qui était séparée de biens.

Nous examinerons sous ce chapitre : 1° de l'ouverture des successions ; 2° des qualités requises pour succéder, et de l'indignité ; 3° des divers ordres d'héritiers ; 4° des héritiers aux biens particuliers des femmes ; 5° des partages faits par les ascendants pendant leur vie ; 6° de la quotité disponible et des réserves ; 7° du payement des dettes de la succession.

§ 1er. DE L'OUVERTURE DES SUCCESSIONS.

La succession s'ouvre :

1° Par la mort naturelle,

2° Par la dégradation et l'expulsion de la caste,

3° Par une absence prolongée,

4° Par l'entrée dans la vie ascétique.

Dans l'une ou l'autre de ces circonstances, les héritiers sont appelés à la succession et peuvent procéder au partage des biens. Tous ces cas, qui donnent ouverture à une succession, ne sont pas également faciles à préciser : la mort naturelle présente seule un caractère de certitude. Quant à la dégradation et à l'exclusion de la caste, à l'entrée dans la vie ascétique, il sera toujours difficile de connaître le moment précis qui donne ouverture à la succession. Il faudra consulter les chefs et parents de la caste qui auront prononcé la dégradation ; rechercher si la personne dont on prétend que la succession s'est ouverte, a renoncé aux intérêts de ce monde, a abandonné l'administration de tous ses biens, pour ne s'occuper que de pratiques religieuses. Dans notre ancien droit, la personne qui embrassait la profession religieuse était réputée morte civilement : sa succession était ouverte au profit de ses héritiers ; il y avait un point de départ certain pour l'ouverture de la succession, le moment de la prononciation des vœux solennels. C'est un rapprochement assez curieux entre notre ancien droit et le droit indou. Le religieux était réputé mourir au monde ; sa succession s'ouvrait ; tous les biens qu'il acquérait, par la suite, appartenaient à son monastère et n'étaient pas transmis, à sa mort, à ses héritiers ; il était également incapable de recueillir des successions. Lorsqu'il rentrait dans la vie civile, par suite de dispense, ou de son élévation à l'épiscopat, il reprenait la jouissance de tous ses droits et pouvait transmettre les biens qu'il acquérait, par la suite, à ses héritiers, et recueillir lui-même des successions. L'Indien, qui embrasse une vie ascétique et contemplative, est réputé mort, et tout ce qu'il possède passe à ses héritiers par droit de succession ; les biens qu'il acquiert ensuite, et qu'il laisse à son décès, appartiennent à son compagnon dans la vie ascétique et non à ses parents.

La législation indoue n'a pas réglé, d'une manière précise, la durée que doit avoir l'absence pour donner ouverture à une succession : elle déclare qu'elle doit être prolongée. D'après Macnaghten l'absence doit avoir duré douze ans sans nouvelles. D'après Strange la durée varie selon l'âge de l'absent au moment de sa disparition : s'il était âgé de 30 à 35 ans elle doit être de 20 ans; s'il était âgé de 40 à 45 ans, elle doit être de 15 ans et de 12 ans s'il était âgé de 65 à 60 ans; mais, pour éviter les incertitudes que fait naître la législation indoue, il serait utile de s'en rapporter sur cette matière, au Code Napoléon, qui a minutieusement réglé, dans l'intérêt de l'absent et de ses héritiers, les droits auxquels l'absence donne ouverture. Le droit indou nous offre une exception remarquable aux principes de notre droit en matière d'absence. Chez nous, une succession qui vient à s'ouvrir n'est pas dévolue à l'absent dont on ignore l'existence. A son retour, ou lorsqu'on aura reçu de ses nouvelles, la succession devra lui être restituée, si elle a été recueillie par des héritiers d'un degré plus éloigné que le sien, ou sa part lui sera comptée si elle a été recueillie par des héritiers du même degré; mais l'absence n'étend pas la vocation à l'hérédité. Il en est autrement dans le droit indou : ainsi, un individu meurt, laissant quatre fils, dont l'un est absent; sa succession se divise entre les trois enfants qui sont présents; s'ils n'ont pas la précaution de réserver la part de l'absent, ils seront tenus de la restituer, non seulement à ses fils, petit-fils ou arrière-petit-fils, mais encore à ses descendants jusqu'au septième degré, tandis que, dans les cas ordinaires, les descendants au quatrième degré n'héritent plus (Strange, p. 116). Il devient nécessaire, dans la liquidation d'une succession, d'apporter la plus grande attention aux intérêts des présumés absents puisque l'absence a pour effet d'étendre les degrés de successibilité. Tout ce qui a trait à l'absence, doit être réglé et constaté avec soin d'après les principes de notre Code. Si, parmi les héritiers à une succession ouverte sur notre territoire, se trouvent des non français, absents ou présumés absents, et qu'il soit nécessaire de recourir au droit indou pour la fixation de la durée de l'absence, nous engagerions les héritiers français à exiger des héritiers présents, domiciliés sur le territoire étranger, une caution en cas de recours de la part des absents ou de leurs descendants. Le magistrat veillera à ce que quelques héritiers n'usent pas de ce moyen, pour entraver ou retarder la liquidation d'une succession. Le curateur aux biens vacants devra intervenir dans l'intérêt de l'absent et prendre telles mesures conservatoires qu'il jugera utiles, demander qu'il soit sursis au partage jusqu'à ce qu'il ait eu le temps de s'enquérir du domicile actuel de l'absent, etc., etc.

Il est encore un autre point, non moins digne d'attention, sur lequel la législation indoue diffère de la législation française. Celle-ci ne s'attache pas à la nature et à l'origine des biens pour en régler la dévolution. La législation indoue, au contraire, recherche l'origine des biens : nous verrons dans les successions en ligne directe, une manière différente de partage, selon que les biens sont des propres ou des acquêts; nous verrons également un ordre spécial d'héritiers aux biens particuliers des femmes.

Nous avons eu déjà occasion de dire que les fils sont co-propriétaires avec leur père des biens provenant des ancêtres. Le père ne peut disposer arbitrairement de ces biens à titre onéreux; il ne peut les aliéner sans le consentement de ses fils majeurs, si ce n'est dans des cas exceptionnels, ni les hypothéquer ou les donner en antichrèse. Les aliénations qu'il ferait, ou les hypothèques qu'il aurait consenties, pourraient être annulées à l'égard des fils, s'il apparaissait que le père a agi dans l'intention de frauder les droits de ses enfants. Le droit des fils n'est pas aussi étendu que celui des communs en biens; en cas de communauté, le chef ne peut aliéner, à titre onéreux ou gratuit, qu'avec le consentement exprès ou tacite de ses communs en biens. Le défaut de consentement de leur part, rend l'aliénation nulle, à l'égard de ceux qui n'ont pas consenti, tandis que l'aliénation faite par le père, sans l'autorisation et le consentement de ses fils majeurs, n'est pas nulle de plein droit. Les fils ont le droit d'en demander la nullité; mais ils devront, selon nous, prouver que leur père a eu l'intention de les frustrer, et qu'il a agi *quasi non sanæ mentis fuerit*, pour nous servir d'une expression romaine, ou qu'ils ont éprouvé un préjudice réel par suite de l'aliénation. La doctrine du *Mitachsara* est cependant plus explicite; elle déclare non valables les dispositions faites par le père sans le consentement de ses fils; il serait peut-être utile, dans l'intérêt de la sécurité des transactions, de n'appliquer cette doctrine qu'aux aliénations faites à titre gratuit, soit envers des étrangers ou d'autres enfants.

Le père est obligé d'opérer, entre tous ses fils, un partage égal des biens provenant des ancêtres. Il a, comme nous l'avons vu, la disposition libre et entière des meubles, même des bijoux précieux, et les tiers ne peuvent être recherchés pour les acquisitions qu'ils en ont faites. Afin d'éviter toute collusion avec des tiers, on devrait restreindre le droit de disposition absolue de la part du père, aux meubles qui auraient été inventoriés au décès du chef de la famille. S'il n'y a pas eu d'inventaire, l'action des fils serait recevable pour établir la collusion, et la vente ne serait annulée, qu'autant qu'il serait établi que les tiers ont été de connivence avec le père pour dépouiller les fils. Dans tous les cas, les fils devraient prouver, en outre, que les meubles non inventoriés et aliénés proviennent de l'emploi du prix des immeubles patrimoniaux.

Le père a la libre disposition de ses biens particuliers: nous aurons à examiner s'il peut disposer de la totalité de ces biens à titre gratuit, au préjudice de ses enfants, et s'il n'est pas tenu de leur en laisser une portion.

La succession est dévolue aux parents agnats du

défunt; les femmes étant incapables d'accomplir les cérémonies funèbres, sont en principe général, exclues de l'ordre des héritiers. Elles n'héritent que dans des cas exceptionnels et spécialement prévus par la loi; les exceptions existent en faveur de la veuve de la mère, de la grand'mère, de la fille.

L'ordre des héritiers est différent, selon qu'il s'agit de la succession d'un homme ou de la succession d'une femme.

Tout le système des successions, dans le droit indou, repose sur l'accomplissement, par l'héritier, de certains devoirs envers les mânes du défunt et des ancêtres, et sur sa capacité de faire les cérémonies funèbres. Ces cérémonies consistent dans l'oblation d'un gâteau funèbre pour les parents les plus rapprochés, et dans des libations d'eau pour les parents d'un degré plus éloigné: de là la grande distinction établie par Manou entre les parents:

« 186. Des libations d'eau doivent être faites pour trois ancêtres, savoir: le père, le grand-père paternel et le bisaïeul; un gâteau doit leur être offert à tous trois. La quatrième personne, dans la descendance, est celle qui leur offre ces oblations et qui hérite de leurs biens au défaut d'héritier plus proche. La cinquième personne ne participe pas à l'oblation.

« 187. Au plus proche parent (Sapinda) mâle ou femelle, appartient l'héritage de la personne décédée. Au défaut des Sapindas et de leur lignée, le Samonadaca ou parent éloigné sera l'héritier, ou bien le précepteur spirituel, ou l'élève du défunt. »

1° Les Sapindas sont les parents unis par les offrandes du Pinda ou gâteau sacré. Ils se divisent en deux classes, ceux de la ligne descendante et ceux de la ligne ascendante jusqu'au troisième degré inclusivement dans chaque ligne. La femme, les filles, les fils de fille, la mère et la grand'mère paternelle, les frères et leurs descendants mâles jusqu'au septième degré sont aussi des Sapindas. Quelques auteurs étendent cette dénomination à des degrés plus éloignés d'après Wilson.

Les plus rapprochés sont :

1° Le fils,
2° Le petit-fils,
3° L'arrière petit-fils,
4° La veuve,
5° La fille,
6° Le fils de la fille,
7° La mère,
8° Le père,
9° Les frères,
10° Les fils de frères,
11° La grand'mère paternelle,
12° Le grand-père paternel,
13° Les oncles paternels,
14° Les cousins paternels,
15° L'arrière grand-père paternel,
16° Ses fils,
17° Ses petits-fils ;

2° Les Samonadacas sont les parents agnatiques liés par des libations d'eau : ils viennent après les Sapindas et héritent jusqu'au quatorzième degré du défunt dans la ligne ascendante et descendante.

3° Les Bandhous. Ils sont de trois sortes :

1° Bandhous personnels :
Le fils de la sœur du père du *de cujus*,
Le fils de la sœur de la mère,
Le fils de son oncle maternel ;

2° Bandhous paternels :
Le fils de la tante paternelle du père,
Le fils de la tante maternelle du père,
L'oncle maternel du père;

3° Bandhous maternels :
Le fils de la tante paternelle de la mère,

Le fils de la tante maternelle,

L'oncle maternel de la mère.

Cette énumération est donnée par Wilson.

L'ordre des héritiers peut être modifié par des usages particuliers à chaque pays, à chaque caste, à chaque famille; ces usages doivent être anciens, constants et établis : celui qui les invoque doit en prouver l'existence. (S. D. C. Cal. 7 juin 1858. H. C. 2 juillet 1868.)

La législation indoue se rapproche de la législation romaine : les héritiers appelés à la succession sont les agnats les plus proches en degré, et les cognats ne sont appelés qu'après eux et à leur défaut.

Cinq règles peuvent être établies pour servir de guide dans la confusion que présente la législation indoue sur les successions :

1° Les héritiers les plus proches en degré, dans chacune des divisions précédentes, recueillent la succession;

2° Les héritiers au même degré, qui ont le privilége du double lien, c'est-à-dire, qui sont germains avec le défunt, priment les parents consanguins ou utérins;

3° Les parents Sapindas au delà du sixième degré et les parents Samonadacas au delà du quatorzième degré n'héritent plus. Les cognats n'arrivent à la succession qu'à défaut de parents Sapindas et Samonadacas, c'est-à-dire, des agnats;

4° La représentation n'a lieu que dans des cas exceptionnels; elle n'a pas lieu à l'infini en ligne directe descendante, et n'est pas restreinte en ligne collatérale aux descendants de frères et sœurs;

5° En principe, les femmes n'héritent pas : elles ne sont appelées à la succession que dans certains cas;

§ 2. DES QUALITÉS REQUISES POUR SUCCÉDER ET DE L'INDIGNITÉ.

Pour succéder, il faut être né ou conçu au moment de l'ouverture de la succession, et n'avoir aucune des causes d'incapacité que nous allons énumérer.

Les causes d'incapacité de succéder sont énumérées dans le droit indou : elles sont fondées, soit sur des défauts physiques, soit sur des vices de l'intelligence, qui rendent la personne qui en est atteinte, incapable d'accomplir les devoirs funèbres envers les mânes du défunt et des ancêtres. Dans la croyance des Indous à la transmigration des âmes, toute maladie ou infirmité est l'expiation de péchés ou de crimes commis dans un autre corps. Manou, au livre XI de ses lois, donne de nombreux exemples de ces punitions.

Dans tous ces cas, à l'exception de la dégradation, l'incapacité est purement personnelle ; l'incapable a droit, sur la succession, à des aliments, à un entretien convenable, et à toute l'assistance que nécessite son état de maladie. Sa part, dans la succession, n'est dévolue à ses co-héritiers qu'autant qu'il n'a lui-même ni héritiers au premier ou au deuxième degré, c'est-à- dire, ni descendants mâles, ni femme. Ces personnes, lorsqu'elles ne sont elles-mêmes atteintes d'aucune des incapacités indiquées plus haut, recueillent la part qui devait échoir à leur père ou mari incapable (Yajnyavalcya, Devala, Vishnu, *Dig.*, t. III, pp. 305,316 et 322). Il existe à cette règle une exception pour le fils d'un individu dégradé. Le fils, né après la dégradation, ne recueille pas la part qui aurait été dévolue à son père. Celui qui est venu au monde, avant la dégradation, la recueillera seul. (Voy. Vishnu, *Dig.*, t. III, p. 316).

Les fils des incapables ne peuvent représenter leur père dans la succession de l'aïeul, qu'autant qu'ils étaient nés au moment de la mort de celui-ci. Ex : *A* décède laissant quatre fils dont l'un *B*, était sourd-muet de naissance : *B* eût un fils, quelque temps après la mort de *A*. Il a été jugé que le fils n'avait aucun droit à la succession de son grand-père (H. C. Cal. 1868. *Madras Jurist*. 1868, p. 486.)

Voici un autre exemple qu'il est important de citer: Un Indou meurt en 1832 laissant un fils aveugle de naissance et deux veuves, dont la dernière mourut en 1849; à la mort de cette veuve le neveu hérita, à l'exclusion du fils aveugle-né, incapable de succéder d'après la loi. Cet aveugle-né se maria et eut un fils en 1858 : ce fils avait-il droit de recueillir la succession de son grand-père, dévolue à un neveu par suite de l'incapacité de son père? Il a été jugé qu'une succession une fois dévolue à des héritiers ne peut être réclamée par des parents plus proches en degré, issus d'un incapable et nés après la mort de celui à la succession duquel leur père aurait été appelé. La solution serait entièrement différente si le fils de l'incapable était né ou simplement conçu au décès de son aïeul. (H. C. Cal. 10 mars 1869, *Madras Jurist*. p. 296.)

Cette législation suscitera bien des difficultés dans la pratique. Nous pensons que, pour la simplifier, il y aurait une distinction à établir entre les causes perpétuelles d'incapacité et celles qui ne sont que temporaires : nous admettrions les premières et nous rejetterions les secondes. Il est facile de constater la surdité, le mutisme, la cécité de naissance, l'idiotisme, la folie, au moment de l'ouverture de la succession; mais il est presque impossible de savoir si les personnes atteintes de maladies en punition de crimes antérieurs, n'ont pas effacé la tache de ces crimes, par la pénitence.

Parmi les causes d'incapacité, les unes sont perpétuelles, d'autres ne sont que temporaires.

Sont incapables de recueillir des successions :

1° Les eunuques,

2° Les sourds-muets de naissance,

3° Les aveugles-nés,

4° Les fous,

5° Les idiots,

6° Ceux qui sont dégradés ou exclus de leur caste,

7° Les individus atteints de maladies, qui sont l'expiation de crimes commis dans une autre vie. Les auteurs indiquent des cas nombreux de ces maladies ou infirmités, telles que la lèpre, l'éléphantiasis, le marasme, la dyssenterie, diverses maladies incurables: le *Digeste* de Colebrooke contient une énumération détaillée de toutes ces maladies. Les individus qui en sont atteints, peuvent avoir expié, par la pénitence, les crimes en punition desquels ils ont été affligés de ces maladies ; dès lors, cette cause d'incapacité de succéder n'est ni absolue, ni permanente.

Les autres causes d'incapacité sont perpétuelles; elles sont fondées plutôt sur une impossibilité physique d'accomplir les cérémonies funèbres et d'administrer les biens de la succession, que sur des idées d'expiation. La loi exige que les infirmités de mutisme, surdité, cécité, soient congéniales (Manou et Devala). Si elles survenaient postérieurement à la naissance, elles ne constitueraient plus une cause d'incapacité.

Il suffit que l'idiotisme et la folie existent lors de l'ouverture de la succession.

Les idiots, les fous ne devraient être déclarés incapables, qu'autant que leur interdiction aurait été prononcée par les Tribunaux, dans les formes ordinaires. Quant à la dégradation, elle ne peut être prononcée, sur notre territoire, que conformément à l'arrêté du 26 mai 1827 : c'est là une de ces affaires de caste, dont la connaissance est réservée aux juges de paix.

L'inaccomplissement des devoirs envers les ancêtres, l'hypocrisie, sont aussi des causes d'incapacité ; nous ne les mentionnons que pour mémoire, car leur appréciation échappera toujours à la justice.

Ceux qui ont embrassé la vie ascétique sont morts civilement et incapables de succéder.

Le changement de religion n'est plus une cause de dégradation et ne constitue pas dès lors une cause d'incapacité de succéder. (Arrêt Pondichéry 16 juillet 1861).

L'Indou converti au christianisme est-il encore soumis aux lois indoues quant à sa personne et quant aux biens? La conversion d'un Indien au christianisme le dégage des entraves de la loi Indoue ; mais elle n'implique pas nécessairement une renonciation à des droits que le christianisme ne régit pas, tels que les droits de propriété et le pouvoir d'en disposer. Cependant l'Indou peut par sa conduite, après sa conversion, manifester l'intention d'être régi par une autre loi : il peut, par exemple, manifester l'intention d'être soumis aux lois françaises quant à ses biens et dans le cas où cette intention serait clairement manifestée, les Tribunaux ne devraient pas lui appliquer la loi indoue. Tel est l'esprit de l'arrêt de la Cour de Cassation du 16 juin 1852. La question a été débattue devant les Cours anglaises et décidée en ce sens dans une affaire importante. (Affaire Abraham contre Abraham. Grady, *Hindoo Law*, pp. 318 et 55).

Il nous reste à parler de l'indignité. Les veuves, à défaut de descendants mâles, héritent de leur mari, mort séparé de biens ; elles n'ont droit à la succession qu'autant qu'elles ont été chastes et fidèles à leur mari, durant le mariage. Si elles ont mené une conduite déréglée, elles sont indignes de succéder, et n'ont droit qu'aux aliments strictement nécessaires pour vivre. Lorsque, après la dissolution du mariage, elles vivent dans l'incontinence, elles sont exposées à être dépouillées, pour leur inconduite, de la succession qu'elles avaient d'abord recueillie. Tous les biens, provenant de la succession du mari, sont dévolus aux héritiers plus proches en degré, qui, seuls, ont qualité pour demander la résolution du droit de la veuve. Il est bien entendu qu'ils prennent ces biens dans l'état où ils se trouvent, c'est-à-dire grevés de tous les droits réels que la veuve aurait consentis.

La question de savoir si la femme mariée ou la veuve est non chaste, devra être décidée par le Tribunal de paix, aux termes de l'arrêté de 1827; l'inconduite de la femme est une violation du devoir conjugal, une atteinte portée au mariage. D'ailleurs, les Tribunaux de paix sont plus rapprochés des parties, connaissent beaucoup mieux leur vie privée; ils pourront consulter les parents de la caste, discuter et apprécier avec exactitude tous les faits, et rechercher les motifs qui dirigent les héritiers du mari. Les Tribunaux ordinaires ne pourront connaître de ces questions qu'autant qu'elles seraient incidentes à une contestation sur des intérêts purement pécuniaires; il est inutile de revenir sur ce que nous avons déjà dit au sujet de cet arrêté. Le mari, seul, a, pendant le mariage, qualité pour se plaindre de l'inconduite de sa femme : s'il ne l'a pas fait, il est censé avoir pardonné, et ses héritiers n'auraient pas le droit d'intenter l'action de son chef. Si la femme avait été condamnée pour adultère, et qu'après la condamnation, le mari n'eût pas voulu reprendre sa femme, il suffirait de produire le jugement de condamnation, pour faire prononcer l'indignité. La femme aurait alors à établir que son mari, depuis la condamnation, lui a pardonné et l'a traitée avec tous les honneurs et les égards dûs à une femme vertueuse.

§ 3. DES DIVERS ORDRES D'HÉRITIERS.

Des Sapindas.

Les premiers Sapindas sont les fils ou les descendants mâles jusqu'au quatrième degré exclusivement.

La législation indoue distingue douze espèces de fils dont l'énumération est donnée par Manou (liv. IX, §§ 158 et suivants).

1° Aurasa, fils légitime;

2° Kshetraja, fils par une femme désignée;

3° Datta, fils adoptif;

4° Kritima, fils fait : un enfant de la même caste que l'adoptant, qui est orphelin ou abandonné;

5° Gudhaja, fils dont la naissance a été cachée;

6° Apavidha, un enfant abandonné et adopté par un étranger;

7° Kanina, fils d'une fille non mariée;

8° Sahoda, le fils dont une femme était enceinte lors de son mariage et qui n'est pas désavoué;

9° Krita, le fils acheté;

10° Paunarbhava, le fils d'une femme deux fois mariée;

11° Swayamdatta, le fils qui s'offre lui-même en adoption;

12° Parasava, le fils d'une femme Soudra par un homme des castes supérieures;

13° Poutrica-poutra ou fille tenant lieu de fils.

Nous pensons que la reconnaissance qui serait faite des fils dits Kanina et Parasava leur donnerait les droits d'enfants naturels reconnus et que le fils dit Sahoda, qui n'aurait pas été désavoué aurait tous les droits d'un enfant légitime.

Les pères de famille qui n'avaient pas d'enfants mâles avaient autrefois le pouvoir de désigner une de leurs filles pour leur tenir lieu de fils avec tous les avantages et toutes les prérogatives attachées à cette qualité. Cette coutume a cessé d'exister depuis un temps immémorial. Tous les auteurs sont d'accord pour déclarer que dans l'âge actuel, les fils naturels et légitimes et les fils adoptifs sont les seuls qui, dans la classification de Manou, ont la qualité et les droits de fils.

(*Smiriti-Chandrica*, p. 200; Strange, t. I, p. 137; Jagannatha, *Digest*, t. III, pp. 493 et 494; Arrêt de la Cour de Pondichéry du 23 mai 1868; Macnaghten, *Principles*, p. 87).

C'est donc par erreur que le Comité consultatif de jurisprudence indoue a, dans sa délibération du 28 janvier 1830, reconnu la validité, dans l'âge actuel, de l'institution de *Poutrica-poutra*.

Premier ordre d'héritiers. — Des fils légitimes et adoptifs.

Les fils héritent, en première ligne, des biens laissés par leur père ; ils partagent, entre eux, par égale part. Les petits-fils et autres descendants, jusqu'au quatrième degré, viennent à la succession par représentation. Si tous les fils sont décédés, les autres descendants opèrent d'abord le partage par souche et ensuite par tête entre les souches co-partageantes.

Les fils par diverses femmes ont des droits égaux. Les fils nés après le partage prennent pour leur part tout ce que le père s'était réservé. *Quid* si le père ne laissait aucune fortune pour former la part de ce fils ? Nous pensons que ses aînés seraient tenus de la lui former au prorata de ce qu'ils ont reçu. Les fils posthumes ont les mêmes droits que ceux nés du vivant du père.

Le fils adoptif, lorsqu'il est seul, hérite de toute la fortune de l'adoptant. Il peut être en concours avec des fils légitimes nés après l'adoption. Quels seront ses droits? Les auteurs sont très-divisés sur la question : il aurait un cinquième d'après M. Grady (p. 54), un tiers d'après Jagannatha (*Dig*. t. III, p. 290), d'après la Cour de Madras, il aurait un quart dans le sud de l'Inde. Strange dit que parmi les Soudras, le partage s'opère légalement entre le fils adoptif et les fils légitimes. Enfin Macnaghten établit la doctrine suivante : au Bengale le fils adoptif a un tiers et dans les autres écoles un quart. (*Principles*, p. 73). En présence de ces divergences, il serait fort utile et nécessaire de consulter le Comité de jurisprudence indoue.

A laisse à son décès trois fils, *B*, *C*, *D*, qui partagent entre eux la succession par portions égales. S'ils vivent en communauté, les biens, provenant de la succession, resteront indivis entre ces trois héritiers.

A meurt, laissant un fils, *B*, et un petit-fils, *D* ; le petit-fils viendra prendre la place de son père, *C*, et partagera concurremment avec son oncle. S'il y a trois petits-fils, ils arriveront par représentation de leur père, et la succession sera d'abord divisée en deux parts égales ; puis la part de *C* sera partagée entre ses trois enfants.

La succession de *A* est ouverte, et, parmi ses descendants, *F* et *J* sont seuls vivants. Ce dernier est exclu comme étant au quatrième degré, et toute la succession est dévolue à *F*. Dans le droit français ces deux descendants partageraient la succession par portions égales.

Retenant le même exemple, si *H*, par exemple, est absent, et qu'on ignore s'il existe, le droit de *J* à la succession n'est pas douteux, comme nous l'avons vu. C'est à *F* à établir que *H* est mort avant l'ouverture de la succession (Strange, p. 116).

Dans la caste des Soudras, les enfants naturels héritent à défaut de postérité légitime ou de fils d'une fille. Dans les autres castes, ils sont exclus de l'hérédité, à moins d'un usage contraire. (S. D. A. Cal. 20 novembre 1799. H. C. Mad. 1868. *Madras Jurist*. 1869, p. 130). Si l'enfant naturel est en même temps incestueux, par exemple, le fils d'un beau-père avec la veuve de son fils, il n'a pas de droits dans la succession de son père. (H. C. Madras 1868. *Madras Jurist.* 1869 p. 136.)

Les fils naturels d'un Européen et d'une femme native, qui tiennent en communauté les biens que leur père a laissés, ne sont pas régis par la loi indoue sur la communauté. Ils sont dans l'indivision et chacun d'eux peut disposer de sa part par testament, sans le consentement des autres. (H. C. Mad. 19 juin 1867.)

L'enfant naturel d'un Indien et d'une femme non Indienne peut invoquer le bénéfice des lois sous lesquelles il est né et sous l'empire desquelles il a été reconnu. (Arrêt. Pondichéry du 1er octobre 1861.)

Il est dû des aliments aux enfants illégitimes qui ne sont pas héritiers, soit à raison de la classe à laquelle ils appartiennent, soit parce qu'ils sont primés par d'autres.

On peut recourir à ce que nous avons dit précédemment pour le mode de constatation de la filiation des enfants naturels.

Deuxième ordre d'héritiers. — De la veuve.

A défaut de fils et de descendants mâles, jusqu'au quatrième degré, et si le *de cujus* n'était pas en communauté, la succession est dévolue à la veuve. Si le défunt avait successivement épousé plusieurs femmes, et que toutes lui eussent survécu, la succession ne se partage pas entre elles par égales parts. L'aînée des femmes, c'est-à-dire celle qui a été épousée la première, recueille la succession tout entière, à la charge de nourrir les autres veuves. Si la première femme est morte avant son mari, la succession est dévolue à la veuve subséquente, et ainsi de suite en suivant les dates des divers mariages (Colebrooke, *Dig.*, t. III, p. 458).

Il existe, toutefois, une autre opinion plus généralement admise, que toutes les veuves héritent par égales parts. La doctrine, qui reconnaît la première femme comme unique héritière, est fondée sur ce principe, que le premier mariage est contracté pour l'accomplissement d'un devoir, et les mariages subséquents pour la satisfaction des sens. Strange professe cette opinion, et nous croyons que c'est la seule autorité que l'on puisse invoquer. Si les Tribunaux sont indécis, ils peuvent consulter le Comité de jurisprudence indienne.

Si l'une des femmes a prédécédé son mari et ne laisse que des filles, celles-ci sont primées par les veuves survivantes. Elles n'ont droit qu'à des aliments et aux frais de leur mariage.

La veuve d'un fils décédé avant son père n'a droit qu'à des aliments.

Nous nous trouvons encore en présence des deux écoles de jurisprudence indoue sur la vocation des veuves à l'hérédité de leur mari. Au Bengale, la veuve hérite toujours, soit que son mari ait été en communauté, soit qu'il ait été séparé de biens. Dans les autres écoles, au contraire, elle n'est héritière qu'autant que son mari était séparé de biens : s'il vivait en communauté, elle est exclue de la succession par les parents mâles de son mari communs avec lui, et elle n'a droit qu'à des aliments. Cette distinction est fort importante et ne doit jamais être mise en oubli par les Tribunaux.

Quels sont les droits de la veuve héritière sur les biens de son mari? Est-elle propriétaire, est-elle usufruitière, est-elle chargée de conserver et de rendre les biens qu'elle a recueillis, aux héritiers de son mari. Sur ces diverses questions, les écoles ont des principes distincts et très-divergents.

Il est certain que la veuve est héritière : qu'à ce titre elle est investie des biens, meubles et immeubles de son mari comme propriétaire et non comme usufruitière, sous certaines restrictions imposées par la loi. Si elle n'était que simple usufruitière, les héritiers à futur pourraient exiger d'elle caution pour sa bonne gestion. Cette question a été soulevée et résolue en ce sens que la veuve ne peut être astreinte à fournir caution, que les héritiers à futur ont seulement le droit, en cas de mauvaise gestion de sa part, de provoquer la nomination d'un administrateur (S. D. A. Cal. 17 juillet 1807).

Il y a à distinguer relativement aux droits et aux pouvoirs de la veuve entre les diverses écoles. Au Bengale la veuve héritière, dans tous les cas, à défaut d'enfants mâles, est tenue de conserver les biens provenants de la succession de son mari, lesquels, à son décès, passent aux héritiers agnatiques les plus proches en degré de celui-ci. Elle prend dans la communauté la place de son mari. (S. D. A. Cal. 14 août 1801 et 25 juin 1802). Elle ne peut aliéner soit à titre gratuit, soit à titre onéreux, les biens, meubles et immeubles de son mari, si ce n'est dans des cas d'absolue nécessité ou avec le consentement exprès ou tacite des héritiers du mari. Ce consentement s'induit des circonstances de fait : ainsi lorsque tous les héritiers à futur ont signé un acte d'aliénation, ou d'hypothèque consenti par la veuve, il y a présomption qu'ils ont donné leur consentement. Cette présomption pourrait, toutefois, être combattue si l'un des signataires prouvait qu'il a signé l'acte dans une autre intention que celle de donner son consentement à l'aliénation. La signature à l'acte et le consentement des héritiers les plus proches en degré ne suffiraient pas pour valider l'acte d'aliénation. Il est nécessaire que le consentement de tous les héritiers, à quelque degré qu'ils soient, existants au moment de l'acte, ait été ou demandé ou obtenu. (S. D. A. Cal. 1856). Si le consentement avait été demandé par la veuve et refusé par les héritiers, nous pensons que les Tribunaux seraient, en définitive, juges de la question. Nous croyons qu'ils devront apporter la plus grande circonspection dans leur décision, car il nous paraît résulter de l'ensemble de la loi, que le *veto* des héritiers est absolu et que la veuve ne peut le faire lever que dans des cas exceptionnels.

Nous disons que la veuve a le pouvoir d'aliéner dans des cas d'absolue nécessité. L'héritier à futur peut alors intervenir et empêcher l'aliénation en fournissant à la veuve les fonds nécessaires. (H. C. Cal. 1868.) L'appréciation de cette nécessité est laissée aux Tribunaux; il est impossible, en effet, de spécifier tous les cas et il est utile de se référer à des principes généraux. Il y aura nécessité lorsqu'il s'agira de payer des dettes du mari, de célébrer ses cérémonies funèbres, de marier les filles, de fournir des aliments aux personnes de la famille, etc. (S. D. A. Cal. 19 mars 1857).

Les héritiers du mari ont donc un droit de contrôle et de surveillance sur les actes de la femme. Si elle faisait des aliénations hors des cas prévus, les héritiers pourraient en contester la validité et en demander la nullité. Lorsque l'aliénation est attaquée, il est nécessaire, pour en démontrer la légitimité, de rapporter la preuve soit de l'existence de la dette, soit de la cause qui la nécessite : si cette preuve n'est pas faite, l'aliénation est nulle. (S. D. A. Cal. 19 mars 1857).

Ils peuvent attaquer ces aliénations du vivant même de la femme, à charge par eux de prouver qu'elles ont été faites hors des cas prévus par la loi. La prescription contre cette action en nullité des héritiers commence à courir du jour du décès de la veuve et non du jour de l'aliénation. Le droit des héritiers est tenu en suspens durant la vie de la veuve. (S. D. A. Cal. 28 février 1857, 31 mars 1858). Mais il est nécessaire pour que ce droit soit ouvert, qu'il y ait eu des actes d'aliénation commencés ou achevés. Il ne suffirait pas que la veuve eut manifesté l'intention d'aliéner: il faut que cette intention ait reçu un commencement d'exécution. (S. D. A. Cal. 14 mars 1857).

Les créanciers personnels de la veuve ne peuvent poursuivre le payement de leurs créances sur les biens qu'elle a recueillis dans la succession de son mari. (S. D. A. Cal. 1853 et 16 avril 1856). Ils pourraient toutefois saisir-arrêter les revenus de ces biens dont la veuve a la libre administration et l'entière jouissance.

Il a été admis que la veuve peut donner, céder son droit de succession à l'héritier à futur le plus proche en degré à l'époque de la donation ou de la cession. Ces actes sont parfaitement valables; si le donataire ou le cessionnaire viennent à mourir avant la veuve, les biens passeront à leurs héritiers les plus proches et non aux héritiers à futur qui auraient survécu à la veuve. (S. D. A. Cal. 14 mars 1803; H. C. Col. 1867). Si la cession n'était pas gratuite, les héritiers survivants en prendraient le prix.

Ces expiications fondées sur la jurisprudence sont suffisantes pour faire connaître quels sont au Bengale les pouvoirs de la veuve héritière de son mari.

La question que nous examinons est plus difficile à résoudre dans les pays régis par l'école de Bénarès. La femme héritière de son mari est-elle, comme au Bengale, tenue de conserver les biens et de les rendre à son décès aux héritiers de son mari. Nous avions pensé et écrit que la veuve héritière de son mari était, dans cette partie de l'Inde, propriétaire des biens et qu'elle pouvait en disposer comme de son Stridhana. Cette opinion était fondée sur un texte du *Mitachsara* qui range au nombre des biens particuliers des femmes tout ce qu'elles acquièrent par héritage, achat, partage, occupation ou invention (*Mitachsara*, sect. II, p. 235).

Ce texte paraît précis. Cependant la Cour de Madras, par arrêt du 23 mars 1867, a décidé que les biens recueillis par une femme dans la succession de son mari ne font pas partie de son Stridhana; que la doctrine du *Mitachsara* n'est pas appuyée par les autres écoles. Le mari n'est pas héritier de ces biens qui font retour aux héritiers mâles du mari les plus proches en degré. Le motif principal de cette décision est qu'il y aurait dans la traduction anglaise du *Mitachsara* une erreur grave de traduction; que le mot sanscrit traduit par *inheritance* n'aurait d'autre signification que celle de *substance*, *property*, *wealth*. Le mot sanscrit *riktha* qui a été traduit par *inheritance*, a, en effet, d'après le *Glossary* de Wilson, la signification indiquée de *property*, *wealth*. Mais la véritable signification du mot sanscrit peut s'induire de ses dérivés; or, les mots qui en découlent, *Rikthagrahi*, *Rikthi*, *Rikthahari* sont dans le même *Glossary* traduits par *héritiers*, *celui qui a droit à une chose*, *à succéder à des biens*. Il nous semble que ces trois dérivés donnent la signification réelle, véritable du mot radical.

La Cour s'appuie, en outre, sur la doctrine du *Smriti-Chandrica* qui n'énumère pas parmi les biens particuliers des femmes ceux qui leur viendraient par héritage. La conséquence de cette jurisprudence nouvelle est d'appliquer dans le sud de l'Inde, des principes suivis au Bengale. (*Madras Jurist.* 1867, pp. 202 et 291; Grady, 176). La Cour de Pondichéry, par arrêt du 26 juillet 1864, a également décidé que la femme n'avait pas sur les biens provenant de la succession de son mari, les mêmes droits que ceux qu'elle a sur son Stridhana. Il serait fort important pour nous, d'avoir sur cette question, l'opinion du Comité de jurisprudence indoue, qui ferait, tout au moins, connaître les usages locaux.

Cette décision de la Cour de Madras, fait naître des

observations que les juges ne paraissent pas avoir pesées. La propriété, dans le droit de toutes les écoles de l'Inde, se classe sous ces trois divisions :

1° Propriété venant des ancêtres;

2° Propriété acquise;

3° Stridhana.

On ne trouve pas d'autres divisions de la propriété: or l'arrêt en crée une quatrième.

Les écoles de jurisprudence ont des doctrines différentes sur la vocation des femmes à l'hérédité de leur mari, aussi bien que sur l'étendue de leurs droits. Au Bengale, elles héritent toujours à défaut de descendants mâles: mais elles n'ont le pouvoir de disposer des biens que dans certains cas exceptionnels. Dans l'école de Bénarès, les femmes n'héritent de leur mari qu'autant qu'il était séparé de biens : les auteurs gardent le silence sur le pouvoir de disposer de ces biens. Que conclure de ce silence, sinon que les biens dont héritent les femmes, doivent être considérés comme leur étant particuliers.

Telle est la question dans toute sa difficulté : aux Tribunaux à l'apprécier, à la juger en s'éclairant des autorités que nous avons citées.

Quid des biens qu'une femme aurait recueillis dans la succession de sa mère, de son fils? Ils devront, d'après la doctrine de la Cour de Madras, faire retour aux héritiers mâles de la mère et du fils et non être dévolus aux héritiers aux biens particuliers des femmes.

Une veuve hérite-t-elle des biens particuliers de son mari décédé en état de communauté? L'affirmative a été jugée par le motif que les communs en biens n'ont aucun droit dans ces acquisitions particulières. La succession à ces biens serait dévolue à la veuve et aux filles (Grand, *Hindou Law*, p. 259. Arrêt de la Cour de Pondichéry du 19 juillet 1862).

D'après le *Smriti-Chandrica* une veuve, mère de filles

hérite des biens, meubles et immeubles de son mari. Si elle n'a pas d'enfants, elle ne recueille que les meubles. En cas de concours de plusieurs veuves, celle qui a des filles hérite seule des immeubles et partage les meubles avec les veuves sans enfants (Macnaghten, *Principles*, p. 21).

Nous ne devons pas omettre de citer l'opinion de *Macnaghten*. D'après le *Mitachsara*, dit-il, tout ce qu'une femme a acquis par succession, partage, achat, occupation ou invention est appelé propriété de la femme, mais il ne constitue pas son pécule. (*Principles*, p. 41).

Il ajoute : on doit observer que le Stridhana dont la dévolution a été opérée conformément aux règles suivies à l'égard de ces biens, perd cette qualité dans la succession de celui qui l'a recueilli et est ensuite dévolu non aux héritiers spéciaux, mais aux héritiers appelés d'après l'ordre général des successions. Exemple: les donations faites à une femme au moment de son mariage forment son Stridhana; à sa mort, ils sont dévolus à sa fille; mais à la mort de celle-ci, ces biens passeront aux héritiers de la fille comme d'autres biens : le frère de la mère serait héritier de préférence à la fille veuve sans postérité (*Principles*, p. 41).

Troisième ordre d'héritiers.— Des filles et des fils de filles.

A défaut de fils, de descendants mâles et de veuve, les filles héritent. Toutes les filles n'ont pas un droit égal à la succession : il faut distinguer entre les filles non mariées, les filles mariées et les filles veuves. Les premières recueillent la succession à l'exclusion des autres. Ainsi, *A* meurt, laissant seulement trois filles, *B*, *C*, *D*; les deux dernières sont mariées et la première est célibataire. Celle-ci héritera seule des biens de son père. Les filles veuves ou mariées sont sorties de leur famille: elles n'ont droit à la succession de leur père, qu'autant qu'elles ont des fils ou qu'elles sont encore susceptibles d'en avoir. C'est un droit qui n'est pas inhérent à leur personne, à leur qualité de fille; il est subordonné à la naissance éventuelle ou à l'existence actuelle d'un fils: c'est donc de leur fils qu'elles tirent leur droit. Ainsi les veuves qui n'ont pas de fils n'ont aucun droit à la succession : les filles mariées, qui n'ont pas d'enfant, mais qui n'ont pas encore passé l'âge pour en avoir, viennent à la succession de leur père.

Le *Mitachsara* part d'un autre principe sur la vocation des filles mariées ou veuves à la succession de leur père: il leur reconnaît un droit égal, si elles ne sont pas pourvues et opulentes. La fille pauvre hérite avant celle qui est pourvue et riche. Ce dernier terme s'applique-t-il et aux filles qui ont été dotées par leur père, et à celles qui tirent leur richesse d'une autre source? Une fille mariée peut avoir hérité de son mari et acquis des biens particuliers. Son père venant à mourir, viendra-t-elle à sa succession en concurrence avec ses autres sœurs mariées, qui n'ont pas la même fortune qu'elle? Si l'on suit à la lettre la doctrine de *Mitachsara*, on devra décider que les filles qui ont de la fortune, seront primées par celles qui n'en ont pas. Ce mode de distribution deviendra, dans la pratique, d'une application à peu près impossible. Il sera nécessaire de rechercher quelle est la quotité des biens de la fille qui doit venir à la succession avant sa sœur; si les immeubles qu'elle possède ne sont pas grevés d'hypothèques; si son passif ne balance pas son actif, etc. Toutes ces questions ouvriront, aux parties, l'arène des procès. Nous resteindrions l'application de ce principe du *Mitachsara* au seul cas où l'une des filles aurait des biens particuliers qui lui auraient été donnés en dot par son père; la question serait alors réduite à un rapport en nature ou en moins prenant, que la fille dotée serait tenue de faire à la succession de son père.

Quelques exemples éclairciront ce que nous venons de dire:

A meurt, laissant trois filles *B*, *C*, *D*. Les deux dernières sont mariées; *B* héritera seule et à leur exclusion des biens laissés par son père. Si l'une des filles mariées était veuve, et qu'elle ne pût avoir, dans la famille, ou sur la succession de son mari des moyens suffisants pour subvenir à ses aliments, nous pensons que sa sœur, *B*, serait obligée de les lui fournir.

Lors du décès de *A*, ses trois filles, *B*, *C*, *D*, étaient mariées. Les deux premières ont reçu, au moment de leur mariage, une somme de 15,000 francs de leur père, ou elles possèdent, au moment de son décès, une pareille somme, qui leur provient d'une autre source; le père laisse à son décès une fortune estimée à 30,000 francs. *D* n'a rien reçu en dot et ne possède aucun bien particulier. D'après la doctrine pure du *Mitachsara*, *D* héritera de son père à l'exclusion de ses autres sœurs. On voit, par ce seul exposé, que, dans la plupart des circonstances, cette doctrine conduira à des résultats iniques. Si on n'adopte pas l'opinion que nous avons émise et que l'on se rattache simplement aux termes du *Mitachsara*, nous croyons qu'il serait bon de prendre encore un terme moyen: il ne faudrait accorder de primauté à la fille pauvre, sur ses sœurs riches, que jusqu'à concurrence de la fortune de ces dernières; le surplus de la succession se partagerait entre toutes. Si la succession du père est d'une valeur inférieure à la fortune des filles, la fille pauvre la recueillera en entier à l'exclusion de ses sœurs.

On peut objecter peut-être, à l'appui de la doctrine du *Mitachsara*, que le père de famille n'est tenu de partager également que les biens patrimoniaux; qu'il n'y a pas de biens de cette nature pour les filles;

qu'elles n'ont pas un droit de co-propriété avec leur père, droit sur lequel est fondée l'égalité des partages : mais la loi française doit ici venir en aide aux filles qui seraient exclues, afin de contraindre les filles, dotées par le père, au rapport. D'ailleurs, il nous semble qu'en rétablissant, par ce moyen, l'égalité dans le partage, on rentre dans l'esprit du *Mitachsara*, qui n'a établi une préférence en faveur des filles pauvres, sur leurs sœurs riches, qu'en vue de cette égalité.

Quelle est l'étendue des droits des filles sur les biens qu'elles ont recueillis dans la succession de leur père ? Elles sont propriétaires de ses biens qui deviennent Stridhana. Toutefois, au Bengale, ces biens font retour aux héritiers du père. (Jagannatha *Dig.*, t. III, p. 393 ; Strange t. I, p. 140 ; Macnaghten).

A défaut des filles, les fils de filles héritent de leur grand-père maternel. Ils prennent par têtes et non par souches. Jagannatha donne la règle suivante : s'il y a deux fils par une fille et trois fils par une autre, la succession sera divisée en cinq parts et non en deux parts. (*Dig.* t. III, p. 501). La représentation n'existe donc pas en leur faveur. Les petits-fils de fille, les filles de fille n'héritent pas. Il existe au Bengale une règle spéciale qui ne paraît pas suivie dans les autres écoles : lorsque des filles non mariées, héritières de leur père, contractent mariage et ont des fils, ces fils excluent à la fois les sœurs de leur mère et leurs fils. Si la succession est dévolue à une sœur mariée, au décès de celle-ci, elle passe non à ses fils mais à ses sœurs. S'il n'y a pas de sœur survivante pour recueillir la succession elle est dévolue à tous les fils de sœur par égales parts (Macnaghten, *Principles* 24 et 25).

Quatrième ordre d'héritiers. — Du père et de la mère.

Lorsque les précédents ordres d'héritiers sont épuisés, la succession va au père et à la mère du défunt; les aïeux ou aïeules ne viennent qu'après les parents collatéraux. Le droit indou, à la différence du droit français, n'appelle pas les frères à la succession, concurremment avec le père et la mère; ces derniers priment les frères.

Le père et la mère recueillent-ils, par portions égales, la succession de leur fils décédé? La plus grande divergence dans les opinions se manifeste sur ce point dans le droit indou. La plupart des jurisconsultes accordent au père le droit de préférence sur la mère. Le *Mitachsara*, au contraire, accorde à la mère le droit de préférence, par la raison plus subtile que vraie, que : « le père peut être parent commun d'enfants issus d'autres femmes, que la mère ne le peut pas, et qu'elle est d'une parenté plus intime. » Les deux opinions que nous venons d'indiquer peuvent être suivies dans la pratique; mais il serait convenable que la jurisprudence s'arrêtât à l'une d'elles.

Une autre opinion, plus conforme à notre droit, l'égalité entre le père et la mère, est enseignée par un auteur. Il serait à désirer que la Cour et les Tribunaux se rattachassent à cette opinion, qui, bien qu'isolée, concilie les droits de la nature avec les dispositions de la loi et a le mérite d'être conforme au Code Napoléon. (Voy. *Mitachsara*, p. 203).

La mère a, sur les biens qu'elle a recueillis dans la succession de son fils, les mêmes droits que la veuve. On peut se reporter à ce que nous avons dit précédemment.

Cinquième ordre d'héritiers. — Des frères.

Nous passons au premier ordre des héritiers en ligne collatérale.

A défaut du père, et de la mère la succession est dévolue aux frères. Les frères germains excluent les frères consanguins ou utérins, et ceux-ci, à leur tour, excluent les fils des frères germains. Les frères partagent la succession par égale part, et sont tenus de donner à leurs sœurs, non mariées, une somme suffisante sur les biens de la succession, pour pourvoir aux frais de leur mariage. Les sœurs n'héritent donc pas de leur frère; elles n'ont qu'un droit de créance sur la succession. Lors du partage, en cas de communauté, elles interviendront pour la fixation de la somme qui est nécessaire pour la célébration de leur mariage. Lorsqu'elles sont mariées, elles n'ont aucun droit sur la succession. Cette doctrine, résultant de divers textes indous, est enseignée au *Digeste* de Colebrooke (t. III, p. 517). Quelques difficultés pouvant se présenter sur le mode de régler la succession des frères, nous croyons devoir rendre sensible, par des exemples, le rang des divers héritiers.

C meurt, laissant pour héritiers ses frères germains, *B* et *D*; la succession est divisée entre eux par moitié. Retenant le même exemple, *B* et *C* sont frères germains et *D* est frère consanguin. La succession tout entière de *C* est dévolue à *B*, à l'exclusion de *D*. Les frères ont une sœur non mariée, *E*; ils seront tenus de lui donner, sur la succession, une somme suffisante pour subvenir à ses frais de mariage, s'ils vivent en communauté. S'ils sont séparés de biens, la somme a dû être fournie à la sœur par la succession du père ou de l'auteur commun.

Le frères excluent les neveux; ceux-ci ne peuvent, par représentation, prendre la place de leur père, eût-il même, de son vivant, primé ses autres frères.

C meurt, laissant deux frères utérins, *D* et *E*, et deux neveux, *F* et *G*, par son frère germain *B*; si *B* eut vécu lors du décès de *C*, il eût exclu *D* et *E*; ses fils *F* et *G*, ne viendront pas, par représentation, occuper sa place ; ils sont exclus de la succession de leur oncle par leurs deux oncles survivants.

Les fils de frères ou neveux du défunt héritent dans le même ordre que leurs pères. En cas de concours entre des oncles et des neveux, ceux-ci sont exclus à moins que leur père ne soit décédé avant le *de cujus*. Entre eux les neveux partagent par têtes et non par souches : c'est la même règle que pour les fils de filles.

A leur défaut les petits neveux héritent dans le même ordre et de la même manière, d'après la loi suivie au Bengale. Dans les autres écoles, ils ne sont pas héritiers.

A défaut de petits neveux agnatiques, les fils de sœur héritent au Bengale. Ils sont exclus de la succession dans les autres écoles. Des auteurs soutiennent que les fils d'une sœur germaine excluent les fils d'une sœur consanguine ; mais cette doctrine n'est pas suivie.

La fille de la sœur n'hérite pas (Macnagthen, p. 30, 31.) Dans l'école de Bénarès, après les fils de frère la succession est dévolue aux héritiers dans l'ordre suivant :

La grand'mère paternelle,
Le grand père paternel,
L'oncle paternel germain,
L'oncle paternel consanguin,
Leurs fils successivement,
La bisaïeule maternelle,
Le bisaïeul paternel,
Leur fils, petit-fils,
La mère de la bisaïeule paternelle,
Son père,
Les frères,
Les fils de ceux-ci,

Et, dans le même ordre, dans la ligne ascendante jusqu'au degré supérieur à la trisaëule.

Ensuite, à défaut de ces héritiers Sapindas, les

Samonadacas héritent jusqu'au septième degré à partir des héritiers de la 1re classe. La succession, à leur défaut, est dévolue aux Bandhous, dont nous avons donné l'énumération plus haut.

A défaut de Bandhous, les héritiers sont :

Le précepteur spirituel,

Le pupille,

Le compagnon d'étude des Védas,

Les Brahmes éclairés,

L'État.

Tel est l'ordre des héritiers dans l'école de Bénarès.

Le grand oncle maternel est appelé avant l'Etat à recueillir la succession. Un Indou dont la succession est réglée par les principes suivis dans l'école de Bénarès, décède ne laissant pour parent plus proche en degré que le père de sa grand'mère paternelle. Il a été décidé par jugement du Conseil de la Reine du 7 juillet 1868, infirmatif d'un arrêt de la haute Cour du Bengale que l'oncle maternel du père héritait avant l'État.

Le Conseil s'appuie sur un texte non traduit du *Mitachsara* qui est ainsi conçu :

« Les fils de la sœur de son père, les fils de la sœur de sa mère, les fils de son oncle maternel, doivent être considérés comme ses propres parents cognats. Les fils de la tante paternelle de son père, les fils de la tante maternelle de son père; les fils de l'oncle maternel de son père, sont les cognats du père. Les fils de la tante paternelle de la mère, les fils de la tante maternelle de la mère, et les fils de l'oncle maternel de la mère, sont les cognats de la mère. »

Le conseil cite ensuite ce passage du *Viramitradaya*.

« Le terme cognat (Bandhou) dans le texte de *Jogiswahra*, doit comprendre également les oncles maternels et les autres, sinon ils seraient exclus quand leurs fils plus éloignés en degré seraient appelés à la succession. » (*Madras Jurist*, 1868, p. 387).

Les filles adoptives des bayadères sont héritières de l'adoptante à l'exclusion des fils. (C. Co. 2 juin. 1832).

Les biens d'une bayadère sont dévolus :

1° Aux filles,

2° Aux fils pourvu qu'ils embrassent la profession de maîtres de musique ou de danse dans la pagode,

3° A leur défaut, à la pagode.

Les frères ont pu dissoudre leur communauté ; quelques-uns se sont réunis, après le partage, par un acte séparé. Dans ce cas, la loi règle différemment l'ordre d'hérédité, et tous les frères survivants ne sont pas appelés à la succession du défunt: Les frères réunis héritent de leur commun à l'exclusion de ceux qui sont restés en état de séparation de biens. Le frère germain du défunt réuni, quoique lui-même séparé de biens, concourt avec ses autres frères consanguins, communs en biens avec le *de cujus*.

Les frères séparés n'arrivent à la succession qu'après les frères réunis.

Ordre de succession d'après l'école du Bengale.

1° Les fils,

2° Les petits-fils,

3° Les arrière-petits-fils (les descendants au quatrième degré sont rejetés parmi les parents éloignés, et ne sont pas compris dans les Sapindas),

4° La veuve (que son mari soit en communauté ou non),

5° Les filles (les filles stériles, les veuves n'ayant pas d'enfants, et celles qui n'ont que des filles, n'héritent pas),

6° Les fils de fille,
7° Le père,
8° La mère,
9° Le frère,
10° Le fils de frère,
11° Les petits-fils de frère,
12° les fils de fille de père,
13° Les fils de fille de frère,
14° L'aïeul paternel,
15° L'aïeul maternel,
16° L'oncle paternel,
17° Le fils de l'oncle paternel,
18° Le petit-fils de l'oncle paternel,
19° Le fils de la fille de l'aïeul,
20° Le fils de la fille de l'oncle paternel,
21° Le bisaïeul paternel,
22° La bisaïeule,
23° Le frère de l'aïeul paternel,
24° Le fils de celui-ci,
25° Le petit-fils,
26° Le fils de la fille du bisaïeul paternel,
27° Le fils de la fille du père de l'arrière grand-père,
28° L'aïeul maternel,
29° L'oncle maternel,
30° Le fils de l'oncle,
31° Le petit-fils,
32° Le fils de la fille,
33° Le bisaïeul maternel,
34° Son fils,
35° Son petit-fils,
36° Son arrière-petit-fils,
37° Le fils de sa fille,
38° Le trisaïeul maternel,
39° Son fils,
40° Son petit-fils,
41° Son arrière-petit-fils,

42°. Le fils de sa fille:

Viennent ensuite les parents éloignés jusqu'au quatorzième degré et, en première ligne, le descendant au quatrième degré.

A défaut de ces héritiers éloignés la succession est dévolue:

1° Au précepteur spirituel,
2° Au pupille,
3° Au compagnon d'étude des Védas,
4° Aux personnes portant le même nom de famille,
5° Aux Brahmes éclairés,
6° A l'État.

Tel est l'ordre des héritiers d'après le *Daya Crama Sangraha*. Il existe quelques divergences avec l'ordre des héritiers suivants établi d'après le *Daya Bagha*.

Après les fils de sœur l'ordre est ainsi réglé:

1° Oncle paternel germain,
2° Oncle paternel consanguin,
3° Le fils du premier,
4° Le fils du second,
5° Les petits-fils dans le même ordre,
6° Le fils de la fille du grand-père paternel,
7° L'oncle maternel,
8° Le fils de la sœur de la mère,
9° Les fils est petits-fils de l'oncle maternel etc.

Il existe encore un autre ordre.

Après les fils de sœur:

1° Le grand-père,
2° La grand'mère,
3° L'oncle,
4° Le fils de l'oncle,
5° Son petit-fils,
6° Son arrière petit-fils,
7° Le fils de la fille du grand-père,
8° L'arrière grand-père,
9° La grand'mère,
10° Leur fils,

11° L'arrière petit-fils et fils de la fille.
12° Leur petit-fils.
13° Le Grand-père maternel.
14° L'oncle maternel.
15° Son fils.
16° Son petit-fils.
17° Le petit-fils du petit-fils du *de cujus* dans la ligne agnatique.
18° Son arrière petit-fils.
19° Le fils de celui-ci.

Puis la succession reprend dans la ligne ascendante.

§ 4. DES HÉRITIERS AUX BIENS PARTICULIERS DES FEMMES.

La loi indoue recherche, avons-nous dit, l'origine des biens pour en régler la dévolution. Nous avons un exemple frappant de ce principe, dans l'ordre des héritiers appelés au Stridhana des femmes. Nous ne reviendrons par sur ce que nous avons dit au sujet de la capacité des femmes, pour acquérir et posséder des biens particuliers. Nous n'appellons l'attention que sur la divergence qui existe, entre le *Mitachsara* et d'autres traités de législation, sur l'étendue du droit des femmes héritières de leur mari; nous avons précédemment exposé les variations de la législation sur ce point.

Tout ce que nous avons dit sur le droit de préférence des filles non pourvues et pauvres, sur les filles pourvues et opulentes, reçoit ici son application. Les petites-filles ne viennent à la succession qu'à défaut des filles, et succèdent par représentation. Au Bengale les petites-filles n'héritent pas : elles recevront quelque chose sur la succession, en signe d'affection.

« 193. Et même, si elles ont des filles; il est à

propos de leur donner quelque chose de la fortune de leur grand'mère maternelle, par motif d'affection (Manou, liv. IX). »

Le législateur a omis de dire quelle sera la valeur de ce don, et en quoi il doit consister. Les petites-filles ont-elles un droit, en qualité d'héritières, sur la succession de leur aïeul ? Cette prescription de la loi n'a-t-elle que la sanction morale d'un devoir ou bien les petites-filles pourraient-elles réclamer, en cas d'inobservation de cette règle ? Nous croyons que les petites-filles n'ont le droit de se plaindre qu'autant qu'elles n'ont rien reçu ou que ce qu'elles ont reçu est d'une valeur infime, comparativement à l'importance de la succession. Les Tribunaux apprécieront, en ne perdant pas de vue que le droit des petites-filles est limité par ces mots : « motif d'affection. » Lorsque les petites-filles sont appelées à la succession, elles en opèrent le partage par souches.

Le présent nuptial, fait par l'époux, est renvoyé aux parents de celui-ci, si le mariage n'a pas lieu.

Les biens particuliers des femmes non mariées vont aux frères germains, puis à la mère, et ensuite au père (Baudhayana, *Dig*. III, p. 612).

Les héritiers aux biens particuliers des femmes varient selon la nature des biens qui composent le Stridhana et selon la forme de célébration du mariage.

Il est utile d'énumérer les héritiers dans chacune des écoles de Bénarès et du Bengale.

Ecole de Bénarès.

L'ordre des héritiers est établi de la manière suivante :

Ligne descendante,

1° Les filles, d'après cet ordre : 1° celles qui ne sont pas mariées, 2° celles qui sont mariées et parmi elles celles qui sont pauvres et ensuite celles qui sont riches,

2° Les filles de filles *per stirpes et non per capita.*

Les filles excluent les filles de filles.

3° Les fils de fille,

4° Les fils,

5° Les petits-fils.

Là s'arrête la ligne des héritiers dans la ligne descendante.

La succession est ensuite dévolue :

1° Au mari,

2° Aux héritiers Sapindas les plus proches en degré, lorsque le mariage est célébré selon les formes de Brahma, de Daïva, d'Arsha, de Prajapatya, de Gandarba.

Si le mariage est célébré d'après les autres modes, les héritiers sont :

1° La mère,

2° Le père,

3° Le mari.

4° Le parent le plus proche en degré (*Mitachsara*, ch. 2, sect. II § 11).

Le mari est préféré au père de la femme dans l'ordre des héritiers aux biens particuliers, lorsque le mariage a été célébré d'après la forme Asoura (arrêt de Pondichéry 26 novembre 1861).

D'après le *Smriti-Chandrica* les père, mère, oncles paternel et maternel et tout autre parent qui ont fait donation à une femme mariée selon l'un des modes d'Asoura, de Raksasha, de Paisacha, ont, en cas de décès de la femme sans postérité, droit de reprendre les biens donnés; à leur défaut, ces biens appartiennent au mari. L'ordre des héritiers, dans ce cas, serait :

1° Les donateurs par droit de retour,

2° Le mari,

3° La mère,

4° Le père,

5° Le parent le plus proche en degré,

École du Bengale.

L'ordre des héritiers est établi de la manière suivante,

Héritiers aux biens d'une femme non mariée:

1° Le frère,

2° Le père,

3° La mère,

4° Les plus proches parents paternels selon la proximité dudegré.

Lorsque les biens ont été donnés à une femme au temps de ses noces, les héritiers sont:

1° Les filles et parmi elles: 1° celle qui n'est pas mariée, 2° celle qui est mariée, 3° celles qui sont stériles et celles qui sont veuves en concurrence.

2° Le fils,

3° Le fils de la fille,

4° Le fils du fils,

5° Le petit-fils du fils dans la ligne masculine,

6° Le fils d'une autre femme du mari,

7° Le petit-fils,

8° L'arrière petit-fils.

A leur défaut, si le mariage est célébré d'après l'un des modes de Brahma, Daïva, etc., la succession est dévolue:

9° Au mari,

10° Au frère,

11° A la mère,

12° Au père,

13° Au plus jeune frère du mari,

14° A son fils,

15° Au fils du frère aîné du mari,

16° Au fils de la sœur de la femme,

17° Au fils de la sœur du mari,

18° Aux fils du frère,

19° Au beau-fils,

20° Au beau-père,

21° A l'aîné des beaux-frères,

22° Au parent le plus proche en degre.

Il ressort de cette énumération qu'à défaut de frère du mari, de fils du frère, de fils de la sœur de la femme; le plus proche héritier est le fils de la sœur du mari : le fils de l'oncle du mari n'est pas spécialement désigné, il est compris dans le terme général de Sapindas et ne vient par conséquent, qu'après les héritiers dénommés. (S. D. C. Cal. 12 mai 1858).

Si le mariage est célébré d'après l'un des autres modes, le frère passe avant le mari et l'ordre est établi ainsi qu'il suit :

9° La mère,

10° Le père,

11° Le frère,

12° Le mari,

L'ordre continue ensuite comme il est réglé plus haut, à partir du n° 13.

Lorsque les biens ont été donnés par le père à une autre époque que le mariage, les héritiers sont :

1° La fille non mariée,

2° Le fils,

3° La fille qui a ou qui peut avoir des enfants mâles,

4° Le fils de la fille,

5° Le fils du fils,

6° Le fils d'une autre femme du mari,

7° Le fils de celui-ci,

8° L'arrière petit-fils dans la ligne marculine,

9° Les filles stériles et les veuves conjointement.

Au delà la succession est dévolue de la manière indiquée plus haut pour les mariages célébrés d'après l'une des formes de Brahma, Daïva, etc.

Lorsque les biens ne proviennent pas du père et ont été donnés à une autre époque que le mariage, les héritiers sont les mêmes que les précédents, sauf que le fils et la fille non mariée héritent conjointement et que le fils du fils est préféré au fils de la fille.

1° Le fils et fille non mariés.

2° La fille qui a ou qui peut avoir des enfants mâles.

3° Le fils du fils.

4° Le fils de la fille.

Ainsi de suite comme ci-dessus.

Toutes ces règles sont assez compliquées et il sera souvent très-difficile de déterminer l'ordre des héritiers. En cas de difficulté il sera prudent de s'en référer au Comité de jurisprudence indoue.

Ces distinctions, sur l'origine des biens, n'existent qu'au Bengale. D'après le *Mitachsara*, la succession est dévolue d'abord aux filles, conformément à l'ordre indiqué sous les alinéas précédents.

Droits des femmes et des veuves, soit au Bengale, soit sur la côte de Coromandel.

Nous croyons qu'il est utile de résumer, en quelques mots, la doctrine des jurisconsultes indous sur les droits des veuves et des femmes.

Au Bengale.

1° Les veuves héritent de leurs maris, communs ou séparés de biens. Elles doivent conserver les biens, dont elles n'ont que l'usufruit et l'administration, et les restituer aux héritiers les plus proches de leurs maris : elles sont, en un mot, grevées de substitution. Elles ne peuvent, en conséquence, aliéner, hypothéquer, que dans des cas d'absolue nécessité, pour célébrer des cérémonies religieuses, marier les filles payer les dettes du mari, etc. Il en est de même pour les filles et femmes qui héritent;

2° Elles conservent les biens tant qu'elles sont chastes, et qu'elles ne dilapident pas ces mêmes biens;

3° Les biens qu'une femme recueille dans la succession de sa mère ne font pas partie de son Stridhana et passent aux fils, de préférence aux filles.

Dans la pratique, les héritiers présomptifs devraient exiger que la veuve héritière dressât un état de tous les immeubles. En cas d'aliénation, la femme agira prudemment en faisant insérer dans l'acte la cause de l'aliénation; les acquéreurs ou les créanciers devraient exiger la mention de la cause. Dans ce cas, ils ne seront pas obligés de prouver la sincérité des énonciations de l'acte; la preuve incombera aux héritiers du mari.

Sur la côte de Coromandel.

La veuve n'hérite de son mari, qu'autant qu'il meurt séparé de biens. S'il meurt en état de communauté, elle n'a droit qu'à des aliments.

Dispositions communes au Bengale et sur la côte de Coromandel.

1° Dans le cas de concours entre plusieurs veuves sur la succession du mari, on peut adopter l'une ou l'autre des opinions suivantes : 1° toutes les veuves ont un droit égal, et la succession se partage entre elles par égales parts; 2° la veuve, dont le mariage a été célébré le premier, est seule héritière, et les autres n'ont droit qu'à des aliments. La première opinion paraît être la plus généralement admise : nous avons admis la seconde sur l'autorité de Strange.

2° En cas de partage des acquêts du vivant du père, ses femmes qui n'ont pas d'enfants mâles ont droit à une part de fils : si les fils ont des parts inégales, on prendra la moyenne. Si le père se réserve pour lui la plus forte part, il doit entretenir ses femmes, qui, dans ce cas, n'ont pas droit à une part. Le juge appréciera.

3° La même règle s'applique, en cas de partage des biens des ancêtres, pour les aïeules paternelles;

4° Elles imputent ce qu'elles ont reçu de leur mari ou de leur beau-père;

5° Les femmes sont en tutelle perpétuelle;

6° La veuve doit demeurer dans la famille de son mari;

7° Les veuves des communs en biens ont droit à des aliments sur les biens de la communauté;

8° Ces aliments doivent leur être fournis en nature. Elles ne peuvent prétendre à une pension alimentaire en argent, qu'autant qu'elles ne seraient pas traitées avec les égards qui leur sont dûs, et selon leur rang;

9° Les femmes peuvent disposer, à titres gratuit et onéreux, de leur Stridhana. La loi indoue leur permet de disposer, sans autorisation, des biens mobiliers en général, et des immeubles qui ne proviennent pas du mari. Il faudrait, toutefois, appliquer, à tous les cas, les articles 217 et 218 du Code Napoléon;

10° Du droit de disposer à titre gratuit dérive le droit de tester. La femme indoue a donc le droit de disposer, par testament, de ses biens particuliers, meubles ou immeubles.

§ 5. DES PARTAGES FAITS PAR LES ASCENDANTS PENDANT LEUR VIE.

Le père peut, de son vivant, opérer le partage de ses biens entre ses enfants. Il ne peut, sous aucun prétexte, retenir les biens particuliers acquis par ses fils. Ces biens sont la propriété exclusive de ces derniers (S. D. A. Cal. 20 avril 1807). Les règles à observer, varient selon que le partage a lieu de biens patrimoniaux, ou de ceux qui ont été acquis par le père. Les biens provenant des ancêtres, doivent être partagés également entre tous les enfants mâles jusqu'au quatrième degré exclusivement : le père n'a pas le pouvoir de disposer arbitrairement des immeubles patrimoniaux, comme nous l'avons déjà dit. Les fils sont co-propriétaires, avec le père, de ces immeubles : le père peut disposer librement des meubles.

Les pouvoirs du père, sur les biens qu'il a acquis, sont plus étendus ; il en a la disposition libre et entière ; il peut les aliéner à titre gratuit ou onéreux et les partager d'une manière inégale entre ses fils. Nous aurons à examiner s'il peut exclure tous ou quelques-uns de ses fils, du partage de ces mêmes biens.

La loi règle l'époque du partage : le père ne doit pas l'opérer avant que sa femme soit devenue incapable, par l'âge, de lui donner de nouveaux fils. En prévision d'un partage opéré avant cette époque, la loi a fixé les droits des fils nés postérieurement ; elle distingue entre les enfants conçus au moment du partage et ceux qui sont nés à une époque plus reculée. Les premiers sont réputés nés ; leur part est mise en réserve : s'ils ne sont pas compris dans le partage, ils ont un recours contre les co-partageants par contribution. Les fils qui n'étaient pas conçus au moment du partage, et qui sont nés plus de dix mois après ce partage, n'ont aucun droit sur les biens qui ont été partagés ; ils prennent la totalité des biens que leur père laisse à son décès, que ces biens excèdent ou n'excèdent pas leur part héréditaire. Cette disposition de la loi indoue ne nous paraît pas équitable : elle viole le principe de l'égalité dans les partages et lèsera presque toujours, soit le fils né après le partage, soit ses frères. En effet, si le père ne laisse à son décès que des biens d'une valeur inférieure à une part d'enfant, le fils né après le partage éprouvera une lésion ; si les biens sont, au contraire, d'une valeur supérieure aux biens partagés, les autres fils seront lésés. Il nous semble que, dans un cas pareil, le droit indou pourrait être corrigé par le Code Napoléon; que le partage opéré du vivant du père devrait être nul pour le tout et recommencé sur de nouvelles bases. Nous appliquerions, en un mot, l'art. 1078 du Code.

Les fils peuvent-ils contraindre leur père à faire le partage des biens des ancêtres? Cette question a été diversement résolue; des auteurs leur reconnaissent ce droit d'une manière absolue, et d'autres le limitent aux seuls cas de mort civile du père, survenue par la dégradation ou la profession religieuse. Mais, dans ces derniers cas, c'est la loi qui donne ouverture à la succession et qui permet aux fils de partager entre eux les biens de leur père. L'opinion la plus conforme au respect filial qui est aussi la plus généralement suivie, est celle qui reconnaît que les fils ne peuvent contraindre leur père à opérer le partage (voyez Strange). Cet auteur ajoute que, dans la Présidence de Madras, il est admis que les fils ont le droit d'exiger le partage, lorsque les père et mère sont avancés en âge et que toutes leurs sœurs sont mariées. Cet usage serait suivi dans les possessions françaises, comprises dans l'étendue de la Présidence de Madras; il serait utile de consulter le Comité de jurisprudence indoue sur la coutume locale au sujet de ce droit des fils.

§ 6. DE LA QUOTITÉ DISPONIBLE ET DES RÉSERVES.

Le partage des biens des ancêtres s'opère également entre tous les fils; le père a droit à une double part, tant pour lui que pour subvenir à l'entretien de sa femme (voy. Colebrooke, *Dig.*, III, pp. 27 et 28).

Dans le droit romain, le père de famille pouvait exhéréder ses enfants, par son testament, sans être obligé d'indiquer le motif de cette exhérédation. Les enfants exhérédés pouvaient attaquer le testament par l'action d'inofficiosité : on entendait par acte inofficieux un acte contraire aux devoirs que le sang, l'amitié, la reconnaissance imposent réciproquement à certaines personnes. Cette action ne fut admise que par détour; on supposa que le père de famille qui exhérédait ses enfants sans motif, n'avait pas l'esprit sain, *hoc colore sanæ mentis non fuerit*, et il fut permis, sous ce prétexte, d'attaquer le testament de nullité. Lorsque le testateur avait laissé au fils exhérédé le quart de ce qu'il aurait eu *ab intestat*, l'action d'inofficiosité n'était pas admise ; s'il avait laissé moins que le quart, elle était admise pour la différence ; ce quart formait la légitime des enfants.

Justinien apporta à cette législation des modifications très-importantes par ses Novelles 115 et 118. La légitime des enfants fut augmentée et fixée, lorsqu'il y a plus de quatre enfants, à la moitié de la succession, et, au tiers, lorsqu'ils sont au-dessous de ce nombre. Ensuite l'exhérédation ne peut avoir lieu que pour cause d'ingratitude : les causes d'ingratitude sont fixées et déterminées à certains cas, dont on peut voir l'énumération au chapitre 3 de la Novelle. Le testament doit contenir le motif de l'exhérédation ; et si l'exhérédation a eu lieu sans motif ou pour un autre motif que ceux indiqués par la loi, le testament peut être annulé.

Le droit indou présente, sur ce point, une analogie remarquable avec le droit romain. Le père de famille peut faire, comme il le juge convenable, le partage des biens qu'il a acquis, les distribuer à ses fils vertueux et sages, et exclure du partage ceux qui sont vicieux; la volonté du père forme la règle souveraine. Cependant les jurisconsultes indous admettent que le père ne peut arbitrairement priver ses fils de leur part dans ses biens particuliers; que l'exclusion doit être fondée sur un motif plausible et déterminé; que l'assertion du père ne suffit pas pour établir le motif d'exclusion; que le fils exhérédé ou omis, peut avoir recours au roi (Catyayana, Nareda, *Dig.*, t. II, pp. 540, 541). Un texte de Nareda indique, pour admettre l'action des enfants, les mêmes raisons que les Prudents, à Rome, avaient données pour introduire la plainte d'inofficiosité. Il dit qu'un père de famille, dont l'intelligence est troublée par la maladie, dont l'esprit est agité par la colère ou toute autre passion, n'a pas le pouvoir de faire un partage contrairement à la loi.

La législation romaine est, sur ce droit des fils à attaquer le partage inégal des biens particuliers, le meilleur commentaire de la législation indoue. Les Tribunaux pourront donc appliquer les dispositions de la Novelle 115 sur les motifs d'exclusion, concurremment avec la disposition du Code sur les réserves. Nous n'avons voulu établir qu'une seule chose : que le père de famille ne peut, sans des motifs graves et justifiés, exclure tous ou quelques-uns de ses fils, du partage de ses biens; que les enfants omis ou exclus, ont le droit de se plaindre et d'attaquer le partage; que la preuve qu'ils ont été légitimement exclus, incombera au père de famille ou aux fils qui ont été compris dans le partage. Nous le répétons, la Novelle 115 sera un guide sûr dans toutes ces questions.

La doctrine du *Mitachsara* confirme l'opinion que nous émettons. Le père, d'après ce traité de législation, ne peut disposer arbitrairement des immeubles des ancêtres ou de ceux qu'il a aquis; il a la libre disposition des meubles; il a la disposition des immeubles des ancêtres ou de ceux qu'il a acquis dans certains cas déterminés.

Au Bengale, le père peut opérer inégalement entre ses fils le partage des meubles et des immeubles qu'il a acquis et des meubles provenant des ancêtres.

§ 7. DU PAYEMENT DES DETTES DE LA SUCCESSION.

Les héritiers ne doivent procéder au partage des biens laissés par le défunt, qu'après avoir acquitté intégralement les dettes qu'il a contractées.

Les héritiers ne sont pas tous tenus, de la même manière, des dettes du défunt : quelques-uns en sont tenus *ultrà vires*, et d'autres n'en sont tenus que comme successeurs aux biens et de la même manière que l'héritier sous bénéfice d'inventaire dans notre droit.

Les héritiers qui sont tenus des dettes de la succession *ultrà vires*, indépendamment des biens qu'ils ont recueillis, sont les fils et petits-fils. Il y a même une différence entre l'obligation du fils et celle du petit-fils : ce dernier n'est tenu que du capital de la dette et non des intérêts. Cette obligation de payer les dettes est imposée en vue de l'accomplissement d'un devoir religieux envers le défunt, qui reste dans un séjour d'horreur, tant que ses dettes n'ont pas été acquittées. William Jones, selon une note insérée au *Digeste* de Colebrooke, en a conclu que les fils n'étaient pas tenus civilement de payer les dettes de leur père *ultrà vires;* qu'ils n'en étaient tenus que moralement. Cette opinion nous semble douteuse et repoussée par divers textes que l'on peut voir dans Colebrooke (*Dig.*, t. Ier, pp. 270 et suivantes). Nous reconnaîtrions donc, en principe, que les fils et les petits-fils, sous la réserve indiquée plus haut, sont tenus *ultrà vires* des dettes de leur père.

L'opinion contraire a prévalu et a été consacrée par plusieurs arrêts de la Cour de Pondichéry. (6 et 9 avril et 16 juillet 1867). Elle est fondée sur le texte suivant de Catyayana qui suppose que l'obligation de payer les dettes est subordonnée à l'acceptation de la succession.

« Celui qui a accepté la succession sera tenu de payer les dettes aux créanciers. »

Les petits-fils sont-ils tenus de payer les intérêts de la dette, lorsque le père a laissé des biens d'une valeur suffisante pour acquitter toutes les dettes en capital et intérêts? L'affirmative ne nous semble pas douteuse : le petit-fils, dans ce cas, ne doit pas être dans une position plus favorable que les successeurs aux biens, qui sont tenus de payer la dette dans son intégralité, jusqu'à concurrence des forces de la succession. Le privilége des petits-fils est restreint au seul cas où le père n'aurait laissé aucun actif suffisant pour payer ses dettes : *favores non ampliandi*.

Les autres héritiers, tels que les arrière-petits-fils, les veuves, les frères, oncles, cousins, etc., ne sont pas tenus des dettes *ultrà vires*; ils n'en sont tenus que sur les biens de la succession et jusqu'à concurrence de l'actif. Ce principe est clairement établi dans tous les textes de droit indou qui traitent de ces questions. Nous nous bornerons à citer les autorités suivantes : Vrihaspati, *Dig.*, t. Ier, pp. 265, 274 et 275; Yajnyavalcya, *Dig.*, t. Ier, pp. 270 et 271.

Les fils ne sont tenus, *ultrà vires*, que pour leur part héréditaire. Si l'un d'eux consent à acquitter toutes les dettes, il sera obligé au payement envers ses co-héritiers, sans préjudice de l'action des créanciers (Nareda, *Dig.*, t. Ier, p. 267). Ils ne sont tenus de payer les dettes qu'autant qu'ils sont héritiers : ainsi, ceux qui sont incapables d'être héritiers, ne sont pas obligés de payer les dettes du défunt.

Les fils ne sont pas tenus de payer toutes les dettes de leur père. La loi établit une exception pour les dettes qui ont une cause illicite, telles que celles qui ont été contractées au jeu ou pour l'achat de liqueurs spiritueuses : les créanciers n'ont pas d'action personnelle contre le fils pour le payement de ces dettes. Sont également exceptées les dettes contractées par le défunt pour fait de commerce ou en qualité de caution. Les commentateurs font remarquer, avec raison, que, dans ces deux derniers cas, les fils seraient tenus de payer, et que les textes qui ont établi l'exception sont tombés en désuétude (*Dig.*, t. Ier, pp. 305 et 306).

Les fils sont-ils, du vivant de leur père, tenus d'acquitter les dettes qu'il a contractées et peuvent-ils être poursuivis par les créanciers? Ils ne sont tenus des dettes contractées par le père, en règle générale, qu'après sa mort ou le partage opéré de son vivant; ils ne sont obligés qu'après le débiteur principal et non concurremment avec lui. Dès lors, ils ne peuvent être poursuivis par les créanciers du père, qu'après que l'hérédité s'est ouverte ou après le partage; et, dans ce dernier cas, pour les dettes qui auraient acquis date certaine antérieurement au partage. Ils sont poursuivis, dès lors, non comme héritiers et obligés personnellement à la dette, mais comme détenteurs des biens. Tel est, ce nous semble, le principe général.

La loi indoue a admis quelques exceptions fondées sur l'incapacité du débiteur d'administrer ses propres affaires: les fils peuvent être alors contraints au payement des dettes. Ces cas sont indiqués ainsi qu'il suit: 1° l'absence pendant 20 ans; 2° une maladie incurable; 3° la démence; 4° la décrépitude; 5° la surdité et la cécité congéniales. Les fils sont tenus, plutôt comme administrateurs et gérants de la fortune de leur père, que comme obligés personnellement à la dette. Hors de ces cas, le débiteur seul peut être poursuivi par les créanciers (*Dig.*, t. Ier, pp. 271 et 278). La question que nous examinons est résolue en principe: le fils n'est jamais tenu personnellement de la dette du père, du vivant de celui-ci; il peut en être tenu accidentellement comme détenteur des biens, après un partage, ou dans les cas exceptionnels que nous avons énumérés.

Le père, à moins de convention contraire, n'est

pas, à proprement parler, en communauté avec ses fils. Les fils ont, il est vrai, un droit de co-propriété avec le père sur les biens des ancêtres, mais ce droit est moins étendu que celui des communs. Ainsi le chef de la communauté n'a qu'un droit de simple administration, c'est-à-dire, qu'il ne peut aliéner les meubles ou les immeubles de la communauté qu'avec le consentement exprès ou tacite de ses communs en biens. Le père de famille a, au contraire, le droit de disposer, à titre onéreux ou à titre gratuit, des meubles des ancêtres, sans l'autorisation de ses fils; son pouvoir n'est limité qu'en ce qui regarde les immeubles. La législation indoue, du reste, est loin d'être précise sur cette importante question du pouvoir du père sur les biens patrimoniaux. Des jurisconsultes accordent au père le droit de disposer des biens des ancêtres et d'autres le lui refusent : parmi ces derniers, les uns attachent à la prohibition d'aliéner sans le consentement des fils, une sanction civile, c'est-à-dire, la peine de nullité, et d'autres n'y attachent qu'une sanction religieuse. Nous établirions une distinction entre les actes de disposition à titre onéreux et ceux à titre gratuit. Le père pourrait disposer à titre onéreux des biens, sauf l'action *de dolo* de la part de ses fils : il lui serait interdit de disposer, à titre gratuit, si ce n'est pour doter des enfants, célébrer certaines cérémonies religieuses, sans le concours et la participation de ses fils.

Les dettes se divisent de plein droit entre les héritiers en ligne directe descendante, qui ne sont tenus que jusqu'à concurrence de leur part héréditaire. Si la dette était garantie par une hypothèque, solidaire ou d'une chose indivisible, l'un des héritiers pourrait être poursuivi pour le tout, sauf son recours contre les autres co-héritiers. Les règles établies par le Code Napoléon sont applicables en cette matière.

D'après le *Mitachsara*, les fils sont tenus des dettes

contractées par leur mère, lors même qu'ils n'arriven pas à la succession de son Stridhana et qu'ils sont primés par les filles. Cette règle doit être limitée autant que possible, car il n'est pas équitable que les filles s'enrichissent aux dépens de leurs frères. Il serait peut-être avantageux de n'obliger les fils au payement des dettes de leur mère, qu'autant que ces dettes auraient été contractées dans l'intérêt du mari, avec son assentiment, ou qu'il en aurait profité. Si les dettes avaient été contractées par la femme dans son intérêt exclusif, pour l'administration ou l'amélioration de ses biens particuliers, nous serions d'avis que les filles seules fussent tenues de les payer. En cas de dette hypothécaire, les filles auraient recours contre les fils dans le cas que nous indiquons, si le créancier avait exproprié l'immeuble affecté à sa créance (*Mitachsara*, p. 64),

Le père n'est pas tenu de payer les dettes contractées par son fils à moins qu'il ne les ait reconnues ou qu'elles n'aient tourné à l'avantage de la famille. (C. Co. 10 mars 1828, 27 juin 1829).

Les fils peuvent-ils renoncer à la succession de leur père? Nous tenons pour l'affirmative, d'après le texte suivant de Manou, liv. IX.

« 207. Si l'un des frères est en état d'amasser de la fortune par sa profession, et n'a pas besoin du bien de son père, il doit renoncer à sa part, après qu'on lui a fait un léger présent, afin que, par la suite, ses enfants ne puissent pas élever de réclamation. »

Ce texte suppose que la succession n'est pas obérée de dettes: néanmoins nous le généraliserions, et nous en ferions l'application dans tous les cas. Les personnes qui pensent que le fils ne peut pas renoncer à la succession de son père, s'appuient sur l'obligation imposée par la loi au fils d'acquitter toutes les dettes de son père, afin de le tirer du séjour d'horreur où il resterait plongé, si ses dettes n'étaient pas payées. Dans cette opinion, les fils sont héritiers *sui et necessarii*. En cas de doute, nous pensons qu'il faut adopter le principe de notre législation, qui admet la renonciation aux successions. La question de la validité de la renonciation a été jugée par de nombreux arrêts.

Les héritiers, autres que les fils et petits-fils ne sont pas tenus personnellement des dettes du *de cujus;* ils n'en sont tenus que sur les biens qu'ils ont recueillis, et au prorata de la valeur de ces biens. Ainsi, pour ne citer qu'un exemple, la femme hérite des biens de son mari, décédé sans postérité mâle et en état de séparation de biens; elle est tenue d'acquitter toutes les dettes qu'il a contractées, en capital et intérêt. Le défunt a laissé 50,000 francs d'actif et 60,000 francs de passif : la veuve héritière ne payera que 50,000 francs, valeur représentative des biens qu'elle a recueillis. Il nous paraît incontestable que l'héritier, pour éviter les embarras d'une liquidation difficile, peut délaisser la succession aux créanciers du défunt. La loi indoue n'indique aucun mode de procéder, dans cette occurrence. Nous croyons que l'héritier doit être assimilé à l'héritier bénéficiaire dans notre droit, et doit faire sa renonciation au greffe du Tribunal. Il serait bon qu'il ne fit cette renonciation, qu'après inventaire fidèle et exact de tout ce qui compose la succession. La peine qu'il encourrait, pour omission de cette formalité, serait d'être obligé d'opérer la liquidation et de répondre à l'action des créanciers, et il pourrait être tenu de payer toutes les dettes s'il était établi qu'il a détourné ou laissé détourner une partie des biens. Il n'est pas possible, d'après les termes si précis du droit indou, de le déclarer héritier pur et simple. Les héritiers, autres que le fils et le petit-fils, ne sont, on ne saurait trop le répéter, que des successeurs aux biens. Le renonçant aurait à transmettre son acte de renonciation au curateur aux biens vacants, et à le signifier à l'ordre subséquent des héritiers.

Quid? Le père fait, de son vivant, un partage de tous ses biens; il contracte de nouvelles dettes et acquiert d'autres biens: les fils et petits-fils qui ont concouru au partage seront-ils tenus de payer ces dettes? D'après le texte de Vrihaspati indiqué, le fils né après le partage, hérite, à l'exclusion de ses autres frères, de tous les biens acquis par le père postérieurement au partage et est également tenu de toutes les dettes contractées par lui. Les autres fils ne sont tenus de ces dettes, qu'autant que leur frère, né après le partage, se trouve dans l'impossibilité de les payer. Le créancier devra donc poursuivre ce fils, et subsidiairement, et, en cas de non payement, les autres fils (*Dig.*, t. Ier, pp. 279 et 280).

En traitant du partage, nous avons fait observer que l'article 1078 du Code Napoléon nous semblait applicable: la question, dès lors, devient sans intérêt.

Les successions vacantes sont régies par l'arrêté du 29 avril 1844.

CHAPITRE VIII.

Des Contrats.

Le droit indou ne présente, sur cette matière, aucune disposition importante qui ne se retrouve également dans le Code Napoléon : nous n'aurons donc à examiner ici que quelques dispositions de législation locale en vigueur et des questions réglées par la jurisprudence. Tout ce qui a trait à la formation des obligations, aux vices qui les entachent de nullité et à leur extinction, est réglé par le Code. Nous avons vu que la capacité de s'obliger n'est pas réglée, dans le droit indou, de la même manière que dans le droit français; il suffira de se reporter à ce que nous avons dit à ce sujet sous les chapitres précédents.

Le droit indou limite le cumul des intérêts; il dispose que les intérêts n'excéderont jamais le capital. Cette disposition sage a toujours été appliquée par les Tribunaux, aux obligations entre Indiens. Elle est établie par Manou, au livre VIII de ses lois, en ces termes :

« 151. L'intérêt d'une somme prêtée, reçue en une seule fois et non par mois ou par jour, ne doit pas dépasser le double de la dette, c'est-à-dire, ne doit pas monter au delà du capital que l'on rembourse en même temps ; et, pour du grain, du fruit, de la laine ou du crin, des bêtes de somme prêtées pour être payées en objets de même valeur, l'intérêt doit être au plus assez élevé pour quintupler la dette.

« 152. Un intérêt qui dépasse le taux légal et qui s'écarte de la règle précédente, n'est pas valable ; les sages l'appellent procédé usuraire : le prêteur ne doit recevoir, au plus, que cinq du cent. »

Le Code Napoléon n'est pas la seule législation à consulter sur les contrats et obligations ; les édits et arrêtés de règlement du Conseil supérieur, applicables à Pondichéry, contiennent, sur les contrats et obligations, des règles spéciales qu'il est utile de rappeler. L'arrêté local du 6 février 1819, qui promulgue dans nos Établissements le Code civil et le Code de procédure, porte que : «Tous les règlements antérieurs, dont l'*expérience* aura reconnu l'utilité, sont et demeurent maintenus. » Il eût été aussi facile d'indiquer, par leurs dates, les arrêtés que l'expérience avait consacrés ; on aurait évité par là, et aux magistrats et aux justiciables, bien des embarras; car la première question que l'on a à résoudre, lorsqu'un arrêté ancien est invoqué, est de savoir s'il jouit du privilége spécial d'être consacré par l'usage. Les lois doivent être précises et ne pas prêter à l'équivoque et à une interprétation détournée, qui souvent finit par prendre la place de la loi. Il est donc nécessaire de rechercher quels sont les édits, réglements, déclarations du Roi, qui sont encore en vigueur. Nous avons parcouru les archives où sont déposées ces lois diverses, promulguées dans la colonie, et nous en avons extrait les articles suivants qui nous paraissent applicables. Nous ne sommes pas depuis assez longtemps dans l'Inde, pour affirmer que l'expérience a consacré l'utilité de ces règlements; nous les reproduisons parce qu'ils contiennent des règles particulières au pays, qui seront toujours utiles; que les abus qu'ils ont voulu prévenir existent de nos jours, et qu'il importe, dès lors, de conserver ces lois.

Le Code Napoléon, comme on le sait, exige, pour la preuve des obligations excédant 150 francs, un acte écrit, authentique ou sous signature privée. L'acte sous-seing privé n'est soumis à aucune forme spéciale; on n'en excepte que les actes qui contiennent des conventions synallagmatiques qui doivent être rédigés en double, et les billets, qui doivent contenir le *bon* ou *approuvé*, écrit de la main du débiteur (art. 1325, 1326.) Les édits du 18 novembre 1769, du 2 septembre 1775 et du 27 janvier 1778 ont établi, sur la forme des obligations sous signature privée, des règles spéciales, qui ne paraissent être que la reproduction d'une coutume ou loi locale. Voici ces dispositions législatives :

Arrêté de règlement de 1769.

« Art. 12...... Ordonne que, désormais, tous les

Malabars, chrétiens et gentils, qui se feront des olles ou billets entre eux pour argent prêté, pratiquent la loi Panchareddipattiram, ainsi qu'elle l'a été anciennement, c'est-à-dire, que le prêteur et l'emprunteur signent les olles ou billets qu'ils passent entre eux pour tous prêts quelconques, et avec eux les deux témoins qui sont présents et celui qui écrit l'olle ou le billet. »

Règlement du septembre 1775.

« Art. 7. Tous Indiens qui passeront entre eux des obligations sous-seing privé, seront tenus de le faire en présence de deux témoins qui signeront lesdites obligations, à peine de nullité. »

Règlement du 27 janvier 1778.

« Art. 6. Tous Indiens qui passeront entre eux des billets, promesses ou obligations, sous-seing privé, seront tenus de le faire, ainsi qu'il est d'usage, en présence de deux témoins qui signeront lesdits billets, promesses ou obligations, à peine de nullité. »

« Art. 9. Conformément à la loi tamoule appelée Panchareddipattiram, tous les Indiens, chrétiens ou gentils, qui se feront des olles entre eux ou billets pour argent prêté, continueront à signer lesdites olles ou billets, tant celui qui prête que celui qui emprunte, et avec eux deux témoins, qui sont présents, et celui qui a écrit l'olle ou le billet. »

Cette législation établit, comme on le voit, une distinction quant à la forme des actes, entre les obligations qui ont pour objet un prêt d'argent et celles qui ont pour objet tout autre fait de l'homme. Les premières sont assujetties à des règles plus sévères : le créancier et le débiteur originaires doivent signer l'acte avec les témoins et le rédacteur. Cette mesure peut assurer la liberté des contractants et donner au titre un certain caractère d'authenticité. Cette formalité n'est pas exigée pour les autres actes contenant des obligations sous signature privée ; il suffit de la signature des deux témoins pour en assurer la validité. Nous avons entendu élever, au sujet de l'application de l'article 7 du règlement de 1775, une prétention singulière, à savoir que cet article n'exigeant pas la signature du débiteur, il n'était pas nécessaire qu'il signât; que la loi n'attachait pas à cette omission une peine de nullité. Il est de principe, et c'est une des conditions essentielles à la validité de toute obligation, que le consentement de celui qui s'oblige intervienne : il n'y a pas de contrat sans consentement. Afin d'assurer la sécurité et la liberté des transactions, la loi positive a exigé que la preuve de ce consentement ne résulterait que d'un acte écrit authentique ou sous-seing privé, lorsque le montant de la dette excéderait 150 francs. Il serait par trop bizarre, que la législation locale, qui a voulu entourer les obligations sous-seing privé de formalités plus nombreuses que celles prescrites par le Code, pour mieux en assurer la preuve et la sincérité, ait omis d'exiger que celui qui s'oblige signerait l'acte. Il n'était pas nécessaire de le dire, puisqu'il va de soi que le débiteur, dans toute obligation, doit consentir et doit signer l'acte sous-seing privé dans les cas où cet acte est exigé comme moyen de preuve: si cette signature n'était pas indispensable, on arriverait forcément à admettre la preuve par témoins des obligations excédant 150 francs. Il n'y aurait aucune sécurité dans la vie civile, car il dépendrait d'un faussaire qui trouverait toujours deux témoins de complaisance, d'obliger une personne à son insu. Nous avons cru devoir entrer dans des explications à ce sujet, parce que nous avons entendu plaider le contraire, et que le Tribunal s'est vu dans la nécessité de juger la question; mais il n'est pas de doctrine, si étrange et si absurde quelle soit, qui n'ait été soumise à la décision des Tribunaux de l'Inde.

Ces règles sont fréquemment appliquées dans nos Établissements. Ont-elles pour résultat de restreindre les dispositions du Code sur l'admissibilité de la preuve testimoniale pour les obligations inférieures à 150 francs? A l'époque de la promulgation de ces règlements, l'ordonnance de Moulins et l'ordonnance sur la Procédure civile étaient en vigueur dans nos possessions. Si ces arrêtés de règlement avaient eu pour but de modifier le principe de l'ordonnance de Moulins, reproduit par l'article 1341 du Code Napoléon, ils l'auraient déclaré d'une manière expresse; ils auraient exigé, pour toutes les obligations, à quelque somme qu'elles s'élevassent, une preuve par écrit. Ils n'ont étendu les formalités, que pour les cas où un acte est exigé comme moyen de preuve, c'est-à-dire, lorsque la somme excède 150 francs; ils ont réglé la forme des actes écrits, lorsqu'ils sont nécessaires, et n'ont pas imposé la nécessité de passer un acte écrit de toutes les obligations. Il faut donc entendre ces arrêtés dans le sens de l'article 1341 du Code.

Telles sont les dispositions spéciales au pays sur la forme des actes d'obligation sous-seing privé en général. L'arrêté de règlement du 27 janvier 1778, contient, en outre, à l'égard des transports de créance, une règle particulière, qui nous paraît être encore en vigueur. Cette règle, reproduite de l'arrêté de 1769, est ainsi conçue :

Arrêté de 1769.

« Art. 5 du titre IV. Il est défendu à tous Européens et à tous Malabars, Maures et autres Indiens, d'accepter le transport d'aucuns billets ou obligations malabares, s'ils ne sont à ordre, à moins que la partie n'y ait consenti ou par-devant le tabellion ou en présence de M. le lieutenant civil.»

Le transport des créances, d'après l'article 1690 du Code, pour avoir effet, à l'égard du débiteur cédé, doit être signifié à ce débiteur ou accepté par lui dans un acte authentique. Le règlement que nous citons interdit le premier mode de saisine de la créance au profit du cessionnaire, et ne reconnaît comme valables que les transports auxquels le débiteur a donné son consentement. Cette disposition a eu pour but d'empêcher les poursuites vexatoires que des individus suscitent à des tiers, par des motifs d'animosité, en se faisant transporter des créances : il a voulu que le créancier originaire ne pût être changé, sans le consentement du débiteur. Cette disposition nous paraît sage et utile à maintenir. L'article 5 du règlement est-il applicable au transport des créances résultant de condamnations en justice? Il semble, d'après son texte, qu'il n'a voulu prohiber que le transport des créances non établies par jugement : les mots *billets* et *obligations*, paraissent l'indiquer. Toutefois, par parité de motifs, nous étendrions cette loi aux créances établies par jugements ou arrêts; l'opinion contraire peut être soutenue en se fondant plus sur les termes que sur l'esprit de la loi.

L'arrêté de règlement du 2 septembre 1775, contient, sur les prêts de bijoux, la disposition suivante qui a été reproduite dans des arrêtés postérieurs.

Arrêté du 2 septembre 1775.

« Art. 3. Tous billets faits à l'occasion des joyaux et autres effets que les Malabars sont dans l'usage de se prêter, porteront le signalement et l'estimation des dits bijoux, et le terme dans lequel ils doivent être rendus; et lesdits billets seront passés par ceux qui auront emprunté, auxquels il est défendu d'aliéner, vendre ou engager lesdits bijoux, sous peine d'une amende envers le Roi de la moitié de leur valeur, et d'être condamnés au remboursement de la valeur desdits bijoux, avec dédommagement.»

C'est un abus de confiance que le Code pénal réprime. Nous n'avons reproduit cette disposition législative qu'afin de prémunir les Indiens contre leur propre incurie. Ils apportent une confiance sans bornes et une légèreté égale à prêter des bijoux d'une valeur considérable, pour des cérémonies privées ou publiques, sans exiger de reconnaissance de l'emprunteur, tandis qu'ils ne prêteraient pas 25 francs sans titre.

L'arrêté du 18 octobre 1831 contient des dispositions spéciales au pays, sur les contrats de nantissement et de vente des effets mobiliers :

Arrêté du 18 octobre 1831.

« Art. Ier. Il est expressément défendu à tous Européens, fils d'Européens, Métis, Maures, Malabars, etc., de quelque caste que ce soit, d'acheter ou de recevoir en nantissement, de tout autre que des marchands connus, aucune matière d'or, d'argent ou de cuivre, de bijoux, marchandises, et même du linge, sans avoir déclaré à la police, qui leur donnera un permis, la nature de l'objet qu'ils veulent acheter ou recevoir en nantissement, et le nom de la personne dont ils l'ont reçu.

« Art. 2. Il sera tenu à la police un registre sur lequel seront inscrites les déclarations faites en conformité de l'article ci-dessus.

« Art. 3. Quiconque aura contrevenu aux dispositions de l'article 1er, sera condamné à une amende égale à la valeur de l'objet qu'il aura acheté; et, outre l'amende, à un emprisonnement de huit jours à deux mois; le tout sans préjudice des peines qu'il pourrait avoir encourues comme recéleur.

« Art. 4. Dans toute action devant les Tribunaux, qui aura pour objet la réclamation d'un gage ou du prix d'un objet compris dans l'article 1er, celui qui aura acheté ou reçu en gage, devra présenter le permis de la police constatant qu'il a fait la déclaration exigée par cet article. S'il le ne présente pas, le ministère public en donnera, sur-le-champ, avis au lieutenant de police.

« Art. 5. Si l'objet vendu ou mis en gage provient d'un vol, il sera rendu au propriétaire, sans que celui qui l'a acheté ou reçu en gage puisse en réclamer la valeur.

« Art. 6. Les contraventions au présent arrêté, seront jugées par le Tribunal de police. »

Un autre arrêté du 25 octobre 1826 renferme, sur les contrats passés entre les fabricants et les cultivateurs d'indigo, des dispositions civiles et pénales qu'il est utile de reproduire :

Arrêté du 25 octobre 1826.

« Art. 1er. Sera considéré comme nul, tout contrat passé entre des indigotiers et des cultivateurs, postérieurement au premier novembre prochain, pour la culture d'une certaine étendue de terres en indigo, et pour la vente à prix convenu des feuilles en provenant, si les dédits qui y sont stipulés, dans le cas de non exécution, par suite de force majeure ou de cas fortuits prévus ou imprévus, sont supérieurs à l'intérêt de douze pour cent des avances qui auront été faites.

« Art. 2. Tout cultivateur qui, ayant souscrit une

convention de la nature de celles qui font l'objet de l'article précédent, serait reconnu ensuite avoir disposé, en tout ou en partie, de ses feuilles en faveur d'un individu autre que celui avec lequel il aurait contracté, ou avoir passé deux ou plusieurs contrats, pour la récolte du même terrain, sera condamné à un emprisonnement d'un an à cinq ans, à la restitution de toutes les avances qu'il aura reçues, et à des dommages et intérêts égaux à la valeur desdites avances.

« Art. 3. Dans le cas où les différents contrats passés par un cultivateur, pour le même terrain, n'auraient point acquis date certaine, et où la vente de ses biens ne suffirait point pour couvrir l'intégralité des restitutions, dommages et intérêts fixés par l'article précédent, les bailleurs de fonds viendront à contribution au prorata de leurs avances.

« Art. 4. Les peines portées par la présente ordonnance seront appliquées par les Tribunaux ordinaires. »

L'arrêté du 27 janvier 1778 interdit aux Européens toute acquisition, dans la Ville-Noire, de maison, à quelque titre que ce soit.

La législation locale contient, relativement à l'exécution, une disposition exceptionnelle établie par l'arrêté du 27 mai 1827. Afin de faciliter le payement au créancier, l'arrêté lui permet de faire arrêter et détenir provisoirement tout débiteur indien, que le titre soit ou non exécutoire, et jusqu'à ce qu'il ait fourni une caution solvable, ou justifié qu'il possède, sur le territoire français, des immeubles libres, suffisants pour assurer le payement. Cette mesure, que justifie pleinement l'exiguité de notre territoire et son morcellement, a toujours produit de bons résultats et favorisé le crédit. Les Indiens sont donc soumis à la contrainte par corps pour toutes les dettes civiles et commerciales. Avant la promulgation de la loi de 1832, les héritiers étaient contraignables par corps pour les dettes de leurs auteurs. L'article 2 de cette loi, rendu applicable aux natifs, a abrogé cette disposition exhorbitante, tout en laissant subsister dans son entier le principe général à l'égard du débiteur originaire. Bien que la jurisprudence ait varié sur l'application de cet article 2, nous n'en persistons pas moins à penser qu'il contient une dérogation formelle aux articles 25 et 26 de l'arrêté du 27 mai 1827. On peut recourir à cet arrêté pour la procédure à suivre, dans les cas où il demeure applicable. La législation locale sur la contrainte par corps est devenue difficile à appliquer par suite de la multiplicité des arrêtés divers, se modifiant, s'abrogeant les uns les autres, qui ont été successivement promulgués dans la colonie. Il serait utile de refondre en entier la législation sur cette matière et de la simplifier.

Arrêté du 27 mai 1827.

« Art. 25. Le juge peut toujours ordonner, à la requête du demandeur, l'emprisonnement immédiat des débiteurs indiens qu'il a condamnés et qui ne fournissent point caution. Cette mesure peut être prise contre les étrangers, quel que soit le montant de leur dette, et, pour les sommes excédant dix roupies, soit 24 francs en capital, contre les domiciliés sur le territoire, mais qui n'y possèdent point de propriété et qui pourraient chercher à se soustraire aux poursuites.

« Dans ces deux cas, l'arrestation provisoire et le dépôt aux thanas ou postes de police, peuvent être ordonnés par le juge, sur la simple vue des titres, même avant le jour de l'audience ; mais alors le demandeur doit consigner d'abord au greffe de la police une somme pour dommages-intérêts dont la quotité est fixée par le juge et qui ne peut être inférieure à dix roupies, soit 24 francs.

« Art. 26. Les débiteurs indiens qui ne se sont point acquittés dans les termes du jugement, et les fournisseurs et ouvriers de la même classe qui, ayant passé des engagements écrits ou non contestés, n'ont point rempli leurs contrats dans les délais fixés, peuvent, suivant l'usage, être mis, jusqu'à libération, à la garde d'un ou deux pions de police, qui les suivent partout, et dont le bath est payé par eux à raison d'un fanon, soit 30 centimes, par jour, à Pondichéry, et d'un fanon et demi, soit 45 centimes, dans les aldées.

« Ce mode de contrainte est exercé sans jugement, sur la simple demande des parties, ordonnancée par le juge de police.

« Le non-payement du bath des pions emporte contrainte par corps. »

Arrêté du 1er juillet 1831, sur les pions garnisaires.

« Art. 1er. Le juge de paix lieutenant de police n'ordonnancera les demandes de mises de pions garnisaires, dans tous les cas prévus par l'article 26 de l'ordonnancee locale du 26 mai 1827, concernant le Tribunal de la police à Pondichéry, qu'après la consignation, faite par le demandeur, d'une roupie dans Pondichéry, et d'une roupie et demie dans les aldées, pour huit jours de bath de pions.

« Art. 2. Les jugements du Tribunal de première instance qui autorisent la mise de pions garnisaires, ne seront exécutoires qu'après le dépôt ordonné par l'article ci-dessus.

« Art. 3. La mise de pions cessera de plein droit à l'expiration de la huitaine, faute de consignation d'une nouvelle provision de huit jours.

« Art. 4. Aux termes de l'article 26, le bath devant être payé par les débiteurs ou fournisseurs, le demandeur pourra exercer son recours contre eux, et la contrainte par corps pourra être prononcée sur sa demande et à sa charge.

« Art. 5. Le présent sera applicable dans les Établissements secondaires, où l'article 26 de l'ordonnance du 26 mai 1827 est en vigueur.»

Arrêté du 22 juillet 1833.

« Art. 1er. La loi du 17 avril 1832, sur la contrainte par corps, ensemble l'ordonnance du Roi du 12 juillet 1832, qui rend cette loi exécutoire aux colonies, sous la modification, pour les Etablissements français de l'Inde, que la somme destinée aux aliments des détenus sera, pour trente jours, de 30 francs, est déclarée pleinement exécutoire à l'égard de tous autres que les natifs indiens, lesquels natifs continueront d'être régis par la loi locale, relativement à l'exercice de la contrainte par corps, dans le cas et selon les formes qu'elle a fixées.

«Art. 2. Néanmoins, les dispositions des articles 2, 4, 5, 6, 18, 19, 20, 22, 23, 28, 30 et 31 de la loi précitée du 17 avril 1832, sont déclarées communes aux natifs et pourront être invoquées par eux ou contre eux.»

Il s'était élevé, au sujet de l'extinction des obligations, la question de savoir si la prescription trentenaire était applicable aux dettes entre Indiens. Ce mode d'extinction des obligations est confusément indiqué dans la législation indoue; il a donné lieu à de nombreuses controverses entre les jurisconsultes qui ont écrit sur le droit indou. L'Administration locale, par l'arrêté du 18 octobre 1838, mit un terme à toutes les controverses, en déclarant applicable aux Indiens le titre du Code Napoléon, relatif à la prescription. Malgré une disposition législative aussi formelle, nous dirons aussi utile, la question continua à être agitée devant les Tribunaux, qui ne parurent tenir aucun compte de l'arrêté du 18 octobre. La jurisprudence varia ; des arrêts et des jugements admirent la prescription, d'autres la repoussèrent. Une semblable confusion dans la législation et les principes ne pouvait subsister : les arrêtés locaux ne devaient pas être abandonnés au pouvoir discrétionnaire des Tribunaux, chargés de les appliquer. Le Gouvernement attendait que l'occasion se présentât pour faire fixer la jurisprudence par la Cour suprême; elle ne tarda pas à se présenter. La Cour rendit, le 2 octobre 1852, un arrêt savamment motivé, du reste, qui déclarait que la prescription libératoire n'est pas applicable aux Indiens; que leurs lois et coutumes n'autorisent pas ce moyen de libération. Un pourvoi fut immédiatement formé dans l'intérêt de la loi contre cet arrêt et la Cour de cassation le cassa par arrêt du 7 juillet 1853, en s'appuyant sur le motif que l'arrêté local du 18 octobre 1838, était en vigueur dans la colonie. (Voy. le *Bulletin officiel* de 1854, pp. 1re et suivantes). La question est désormais irrévocablement jugée, et nous pensons qu'à l'avenir, elle ne se représentera plus devant les Tribunaux français de l'Inde.

On a également agité, devant les Tribunaux, la question de savoir si les obligations signées par marque pouvaient former une preuve en justice et si, en cas de méconnaissance, la vérification pouvait en être ordonnée. La marque n'est pas une écriture, ni une signature; elle n'indique pas la personnalité de celui qui l'a apposée. La Cour de cassation a jugé la question en ce sens, sous l'empire de l'ordonnance de 1667 (10 thermidor an XIII). La solution devrait être la même d'après la législation du Code de procédure, qui a reproduit la plupart des dispositions de l'ordonnance. Ceux qui soutiennent l'affirmative se sont surtout préoccupés du grand nombre d'obligations sincères et vraies, signées par marque dans nos possessions et du trouble que l'on jetterait dans les affaires, si les Tribunaux leur déniaient tout effet obligatoire. Ces scrupules sont légitimes, sans doute; mais on ne raisonne qu'au point de vue du créancier: que l'on renverse les rôles, qu'on se mette au point de vue du débiteur, et on verra si les dangers sont moindres. Les Tribunaux, lorsque des obligations par marque leur sont soumises, pourraient ordonner la comparution des parties à l'audience, interroger le prétendu signataire, examiner si l'obligation a été exécutée partiellement, et se décider d'après les circonstances de la cause; le serment décisoire pourrait être déféré. En cas de dénégation de la marque, et s'il était douteux, pour le juge, qu'elle eût été apposée par la personne assignée, la vérification ne pourrait, selon nous, en être ordonnée; si le débiteur reconnaît qu'il a apposé une marque, sa reconnaissance forme un aveu judiciaire, qui devient la base de la condamnation (Colmar, 27 messidor an XIII; Bruxelles, 26 décembre 1811).

La jurisprudence nous offre une décision contraire à l'opinion que nous émettons; mais il ne faut pas la détacher de l'espèce dans laquelle elle est intervenue. La Cour criminelle de l'Ombronne jugea, le 7 octobre 1809, que le mandat donné et signé par marque était valable. Voici les considérants de l'arrêt:

« Considérant que, d'après l'usage suivi en Toscane avant la publication des lois françaises, un acte souscrit d'une simple croix par une partie qui ne savait pas écrire, et signé de deux témoins, a toujours été assimilé à un acte signé par cette partie elle-même; que Ferdinand Baioni a pu croire de très-bonne foi que les lois françaises n'avaient pas dérogé à cet usage, et qu'il pouvait encore s'y conformer dans la rédaction de son mandat pour appeler; que, dans une matière aussi favorable, il y aurait une excessive rigueur à déclarer nul l'acte d'appel qui a été fait en vertu de ce mandat. »

La Cour de cassation, par arrêt du 23 novembre 1809, rejeta le pourvoi formé contre cet arrêt.

Cette décision ne peut former jurisprudence; les circonstances dans lesquelles elle est intervenue l'expliquent et la justifient d'une manière suffisante.

Il nous reste à dire quelques mots sur une institution spéciale à l'Inde, qui est contraire à l'article 1785 du Code Napoléon. Cet article n'autorise les louages de services, que pour un temps limité. Les propriétaires de terres arables dans l'Inde ont sous leurs ordres des serviteurs attachés à la glèbe, loués par eux en vertu d'un contrat libre et chargés d'exécuter les divers travaux de l'agriculture. Par le contrat qui intervient entre le propriétaire et le cultivateur, appelé *panéal*, celui-ci reçoit, à titre de prêt, une somme de tant, qu'il s'engage à payer par ses services : l'évaluation des services est calculée de manière à ce que le cultivateur ne puisse jamais se libérer. Les heures du travail, la nourriture, les jours fériés, les gratifications, sont réglés à l'amiable entre le maître et le cultivateur; ces conventions sont exécutées avec la bonne foi la plus entière de part et d'autre.

L'Administration locale, par règlement du 23 septembre 1854, applicable à Karikal, a déterminé les obligations réciproques du maître et du *panéal*, et a sagement prévu toutes les difficultés qui pouvaient s'élever entre eux. Cet arrêté témoigne d'une vive sollicitude pour la classe la plus pauvre et la plus laborieuse de nos Établissements. Ces contrats sont prohibés par le Code Napoléon; mais ils sont dans les usages des Indiens; ils constituent l'organisation du travail agricole, et il serait imprudent de les interdire. L'Administration a fait tout ce qu'il était en son pouvoir de faire, en améliorant le sort des cultivateurs.

Sauf les modifications que nous venons d'indiquer, le Code Napoléon, au titre des contrats, est applicable aux Indiens.

CHAPITRE IX.

Des Donations entre vifs.

L'Indien a le droit de disposer de ses biens par donation entre vifs ou par testament. Lorsqu'il n'est pas en communauté ou qu'il n'a pas de descendants mâles jusqu'au quatrième degré, il peut disposer de tous ses biens meubles et immeubles, patrimoniaux ou acquêts. S'il a des descendants mâles au degré successible, il peut disposer de ses biens mobiliers, patrimoniaux ou acquêts.

Ce pouvoir de disposer est plus ou moins étendu, selon que la donation comprend des biens des ancêtres, ou des biens acquis par le donateur. Il n'est peut-être pas, dans toute la législation indoue, de question qui ait soulevé plus de difficultés, qui soit plus incertaine, que celle de savoir jusqu'où s'étend le droit de disposer à titre gratuit. On rencontre, dans les jurisconsultes indous, les décisions les plus contradictoires sur ce point. Les uns déclarent qu'il est interdit au père de famille de disposer des immeubles des ancêtres, sans le consentement de ses fils; d'autres qu'il a le droit d'en disposer, et que la donation n'est pas annulable; que la prohibition de donner n'est qu'un précepte moral et religieux non revêtu d'une sanction civile. Quant aux acquêts, les uns déclarent que le père de famille est libre d'en disposer à son gré; d'autres disent qu'il ne peut disposer que des meubles et non des immeubles. Ces distinctions jettent une grande confusion dans la pratique, et il nous paraît nécessaire de recourir à des principes plus clairs et surtout plus précis.

Nous ne reviendrons pas sur ce que nous avons déjà dit sur ce sujet, en traitant des partages. Il nous a semblé que le père de famille ne peut disposer, à son gré, des immeubles provenant des ancêtres : nous avons établi que cette prohibition constituait un précepte à la fois moral et civil : il a fallu nous décider, au milieu de toutes ces interprétations diverses. Quant au pouvoir du père sur les biens acquis, nous lui en avons reconnu la libre disposition, sous la réserve de l'action d'inofficiosité de la part des enfants : c'est un moyen terme entre la doctrine du *Mitachsara* et celle généralement suivie, qui accorde au père la disposition entière et sans réserve des acquêts.

Nous émettrions encore une autre opinion, de reconnaître au père de famille le droit de disposer, à titre gratuit, des biens mobiliers ou immobiliers, soit qu'ils viennent des ancêtres, soit qu'ils aient été acquis par lui, sous les restrictions apportées par le Code Napoléon. Pour nous expliquer plus clairement, le père de famille devrait laisser une réserve à ses enfants. Cette réserve n'existerait qu'au profit des descendants mâles jusqu'au quatrième degré : si le père de famille n'avait que des filles, il serait obligé de leur laisser une somme suffisante pour subvenir ou à leurs aliments ou aux frais de leur mariage. En dehors de ces cas, il pourrait disposer librement et pleinement de tous ses biens meubles et immeubles. Nous avons vu que le père avait la disposition du mobilier : nous limiterions son droit, aux dispositions de meubles singuliers, prohibant ainsi ou restreignant la donation d'universalités de meubles. Ces questions, du reste, peuvent être jugées dans un sens ou dans l'autre ; la législation indoue justifie toutes les solutions.

Il serait utile que le législateur mît un terme à ces incertitudes, en adoptant l'une ou l'autre des doctrines professées par les jurisconsultes indous. Le sort des donations entre vifs, des testaments même, ne serait pas livré, pour ainsi dire, à l'arbitraire du juge. Nous appliquerions, en conséquence, les articles 927 et suivants du Code.

On peut recourir, pour de plus amples détails, à l'ouvrage de M. Macnagthen, sur le droit indou, au chapitre des donations (*On gifts*).

La capacité de disposer et de recevoir est réglée et par le droit indou et par le droit français. Nous avons vu, au chapitre VII, quelles sont les incapacités de recueillir les successions. En matière de dispositions à titre gratuit, les mineurs, les femmes qui n'ont pas de Stridhana, les individus en état de démence ou de fureur, sont incapables de donner. Quant à la capacité de recevoir, nous croyons que les dispositions du Code sont seules applicables : le droit indou ne renferme aucune disposition précise à cet égard.

Les donations qui seraient entachées d'un des vices indiqués dans les articles 1109 et suivants, seraient nulles. Le droit indou, n'ayant rien réglé sur la forme des donations entre vifs, on doit observer les dispositions des articles 931 et suivants.

Les donations de biens immobiliers sont en effet soumises dans la législation à des formes solennelles et doivent être formellement acceptées par le donateur.

Yajnawalkiya. L'acceptation d'une donation doit être publique surtout s'il s'agit d'immeubles.

Il a été jugé en conséquence que des donations d'immeubles faites par acte sous-seing privé n'étaient pas valables. (Arrêts Pondichéry 14 septembre, 2 novembre 1867, 16 juin 1868. Gibelin, t. II, p. 18)

Les donations entre vifs ne peuvent être révoquées que dans les cas prévus dans la section 2, chap. IV du titre des donations. Les Tribunaux ont fait de fréquentes applications de ces textes.

CHAPITRE X.

Des Testaments.

Nous avons peu de chose à dire sur les testaments: tout ce qui concerne la capacité de disposer a été exposé. C'est par extension du pouvoir de disposer à titre gratuit et par donation entre vifs, que la jurisprudence et l'usage ont reconnu aux Indiens le droit de tester. Les législateurs sont muets sur le droit de faire un testament : il est possible que l'usage de faire des testaments n'ait été introduit dans l'Inde qu'à l'arrivée des Européens. Quoiqu'il en soit de l'ancienneté de cet usage, il a acquis force de loi.

Les Indiens se conforment, pour les diverses espèces de testament, aux règles qui sont tracées par le Code : ce sont les seules applicables.

Le droit de tester a toujours été reconnu aux Indiens dans nos Établissements. Les diverses questions relatives à leur capacité, qui sont longuement examinées dans les auteurs anglais, sont donc sans application sur notre territoire.

L'art. 19 de l'arrêté de règlement du 2 septembre 1775, ne fait que reproduire des décisions antérieures:

« Les testaments des Malabars, Gentils ou Chrétiens, des Maures ou autres Indiens ne pourront être passés que par le tabellion de la chaudrie, lequel sera appelé, à cet effet, avec un interprète juré et deux témoins de la religion du testateur; et les Mahométans appelleront le Cazy et le Moullah avec deux témoins. »

Les femmes indoues peuvent disposer de leurs biens par testament. (Arrêt Pondichéry, 22 septembre 1821.)

Le testamment par lequel un Indien dispose du tiers de ses biens en faveur de sa femme n'est pas valable s'il a des enfants mâles. (C. Co. 11 juillet 1832.)

Un commun ne peut, dans cette partie de l'Inde, disposer par testament de sa part indivise dans la communauté sans le consentement des autres communs. (C. Co. 3 mars 1828. Arrêt Pondichéry 3 juin 1862.)

Il peut disposer de ses acquêts en faveur de sa femme. Si le partage a eu lieu, il peut pareillement disposer des objets échus à son lot. (C. Co. 26 juin 1832.)

Les bayadères peuvent tester en faveur de leur fils lorsqu'elles n'ont pas de filles naturelles ou adoptives. (C. Co. 2 juin 1832.)

Les biens légués à des femmes font-ils partie de leur Stritbana? L'affirmation ne nous paraît pas douteuse, car elles tiennent ces biens de la volonté de l'homme et non des dispositions de la loi. A leur décès ils passeraient à leurs héritiers et ne feraient pas retour à ceux du mari.

Il ne faut pas oublier que la minorité indoue finit à l'âge de seize ans révolus; dès lors un Indien âgé de dix-sept ans peut disposer par testament de la totalité de ses biens, contrairement à l'article 904.

Tout ce qui a rapport à la caducité des legs, à l'interprétation des dispositions testamentaires, aux exécuteurs testamentaires, etc., est réglé par notre droit.

Peut-on adopter par testament? Nous tenons pour la négative, parce que l'adoption est soumise à des formes solennelles et spéciales. Une adoption testamentaire pourrait valoir et être considérée comme institution d'héritier.

Les legs qui sont faits à des établissements religieux ou de bienfaisance ne peuvent être acceptés qu'après autorisation du Gouvernement. L'ordonnance du 23 juillet 1840 porte ce qui suit:

Ordonnance du 23 juillet 1840.

« Art. 22, § 4. Le Gouverneur propose au Gouvernement, conformément à notre ordonnance du 25 juin 1833, l'acceptation des dons et legs pieux ou de bienfaisance, dont la valeur est au-dessus de trois mille francs.

« § 5. Il statue, en Conseil d'administration, sur l'acceptation de ceux de trois mille francs et au-dessous et en rend compte à notre Ministre de la marine. »

FIN

TABLE DES MATIÈRES.

FIN DE LA TABLE.

A
B

www.ingramcontent.com/pod-product-compliance
Ingram Content Group UK Ltd.
Pitfield, Milton Keynes, MK11 3LW, UK
UKHW022048190726
13855UKWH00002B/440

9 782013 427579